VOYAGE
D'ITALIE,
OU
RECUEIL DE NOTES

Sur les Ouvrages de Peinture & de Sculpture, qu'on voit dans les principales villes d'Italie.

Par M. COCHIN, *Chevalier de l'Ordre de Saint Michel, Graveur du Roi, Garde des Desseins du Cabinet de S. M. Secretaire de l'Académie Royale de Peinture & de Sculpture, & Censeur Royal.*

TOME PREMIER

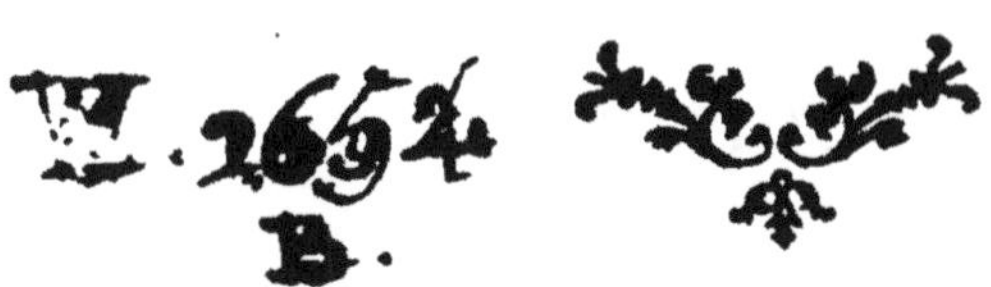

A PARIS,

Chez CH. ANT. JOMBERT, Imprimeur-Libraire du Roi, pour l'Artillerie & le Génie, rue Dauphine.

M. DCC. LVIII.

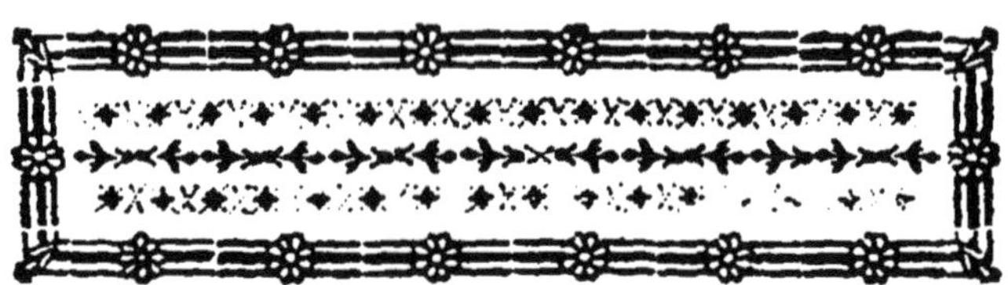

A MONSIEUR

LE MARQUIS DE MARIGNY,

Conseiller du Roi en ses Conseils, Commandeur de ses Ordres, Directeur & Ordonnateur général de ses Bâtimens, Jardins, Arts, Académies & Manufactures Royales.

*M*ONSIEUR,

Permettez-moi de vous présenter un Livre qui vous appartient à plusieurs titres : c'est un Recueil de remarques sur les Chef-d'œu-

a ij

iv

vres qu'on voit en Italie. Si elles peuvent
être de quelque utilité à ceux qui entrepren-
dront ce voyage, le plus agréable & le plus
important que puissent faire un Artiste & un
Amateur, ils vous en seront redevables,
MONSIEUR, puisque c'est la bonté dont
vous m'avez honoré, en me choisissant pour
vous y accompagner, qui a donné lieu à ce
travail. C'est sans doute un ouvrage informe
& très-inférieur à ces discussions de goût,
dans lesquelles vous entriez avec nous sur
les divers objets de curiosité qui n'y sont
qu'indiqués : mais les heureux effets qui ont
suivi votre voyage, en rendent les moindres
circonstances intéressantes, quelque foiblement exposées qu'elles puissent être. Votre
but étoit d'acquérir les connoissances néces-
saires pour servir dignement un Grand Roi
dans la direction des Monumens qui doivent
immortaliser la gloire de son regne. Nous
nous sommes efforcés de contribuer, autant
qu'il étoit en nous, à de si nobles vues, en
vous exposant tout ce qu'une longue étude

de nos arts pouvoit nous avoir donné de lumieres. On voit éclorre aujourd'hui les fruits de votre zele , de votre discernement & de vos réflexions. Ce projet , si glorieux au Roi & à la Patrie , d'achever le plus beau Palais qui soit en Europe , est enfin suivi de l'exécution la plus rapide. Cet ouvrage non moins utile , qui facilite la communication du plus beau quartier de Paris , en l'embellissant encore , & où la commodité du peuple n'a point été oubliée ; le triomphe du bon goût , malgré les efforts d'une habitude enracinée ; l'encouragement que produit cette certitude de l'accueil que vous accordez aux talens distingués ; enfin tout vous attire , MONSIEUR , ce concert général d'éloges , si difficile à obtenir du Public , & qui , arraché à sa reconnoissance , est le sceau du vrai mérite.

Je n'entreprendrai point , MONSIEUR , d'être l'interprete des sentimens de la Nation à votre égard , je me borne à vous

vj
*supplier d'accepter avec indulgence un léger.
tribut de ceux dont je suis pénétré.*

Je suis avec un profond respect,

M O N S I E U R,

Votre très-humble & très-obéiſſant
Serviteur, Cochin.

PRÉFACE.

Je ne préfente point un Ouvrage complet, ni dans lequel je prétende rendre un compte exact de toutes les belles chofes que l'on voit en Italie. C'eft fimplement une collection des notes que j'avois faites pour conferver la mémoire de ce qui m'a paru le plus digne de curiofité, & que je n'avois faites que pour moi : mais des perfonnes éclairées, à qui je les ai communiquées, m'ont confeillé de les rendre publiques ; & le témoignage de quelques Amateurs, à qui je les ai confiées, m'ayant perfuadé qu'elles leur ont été utiles dans leur voyage, j'ai été encouragé par leur empreffement, & j'ai cru pouvoir y céder. Cependant je dois prévenir le Lecteur qu'il y a dans plufieurs villes de beaux morceaux dont je n'ai pas eu le loifir de prendre note ; que même divers accidens m'ont fait perdre une partie de celles que j'avois recueillies : ainfi on doit trouver beaucoup de fautes d'o-miffion dans ce Livre. Je n'ai rien écrit fur les chef-d'œuvres de l'art qu'on voit à Rome. Cette ville en renferme un fi grand nombre, que je n'ai pas eu affez de temps pour en recueillir des notes. Je n'ai pas même tout remarqué dans les autres villes.

Lorfque des voyageurs font obligés de voir en un même jour trois ou quatre palais qui contiennent une grande quantité de tableaux, il n'eft pas poffible qu'il n'échappe à leur attention des chofes qui méritoient d'être obfervées. On s'attache aux ouvrages frappans, & leur excellence fait difparoître plufieurs morceaux qui toute autre part auroient attiré les regards. Il doit donc arriver que plus il fera trouvé de belles chofes réunies, plus celles qui ne font que fimplement bonnes auront été oubliées, & que les mêmes Maîtres, dont les ouvrages auront été négligés dans un lieu, seront loués dans un autre où ils n'auront pas été éclipsés. J'observerai encore que les goûts différens des plus sûrs Connoisseurs peuvent apporter quelque variété dans leurs jugemens. Les Artistes sont sans doute les vrais juges : si les jugemens qu'ils portent ne sont pas toujours exactement les mêmes, ils ne différent pas, néammoins, au point de méconnoître aucune sorte de vrai mérite. Toujours émus lorsqu'ils rencontrent le vrai beau, il n'y a de contestation entr'eux que parce que chacun, suivant son goût, accorde plus d'estime à un genre de beauté qu'à un autre : mais ceux dont la connoissance n'est pas encore assez formée, ont des goûts exclusifs, & décident témérairement. Cette disposition retarde beaucoup le progrès qu'ils pourroient faire par la vue des diverses productions des arts.

PRÉFACE.

Pour moi, j'ofe affurer que je n'ai porté aucun préjugé dans la révifion que j'ai faite des beautés que l'Italie renferme, & je crois n'avoir pas erré confidérablement dans les jugemens que je hazarde. Un plus long examen m'auroit pu faire découvrir quelques beautés de plus, & peut-être auffi dignes d'être remarquées que celles que je releve : mais j'efpere qu'on ne me reprochera pas de m'être abandonné trop légérement à la critique, & qu'on appercevra évidemment les défauts que j'ai cru devoir blâmer. Je dois encore m'excufer d'un air de décifion, fans appel, qu'on appercevra dans la maniere dont j'ai écrit ce Livre. Je n'ai point du tout prétendu qu'on ne puiffe avec raifon juger autrement que moi : à peine m'en flatterois-je après un examen bien difcuté, que je n'ai pas eu le temps de faire. Ces manieres de s'exprimer : *il paroît que*, *il me femble*, *mon fentiment eft*, *je crois qu'on peut avancer*,

&c. auroient augmenté inutilement ce Livre & fatigué le Lecteur. Je puis n'avoir pas frappé juste en toute occasion : mais en général on peut fonder beaucoup sur les jugemens d'un homme d'art, qui n'a aucune raison de rien déprimer, & il me semble que ceux que je porte, ont, à peu de chose près, la certitude qu'on peut défirer dans les ouvrages de goût. Plusieurs Amateurs voyagent en Italie dans le dessein d'acquérir une connoissance qu'ils n'ont encore qu'imparfaitement. Avec la compagnie d'un homme d'art, ils pourroient se passer de ce Livre : mais ceux qui n'ont pas ce secours, y trouveront l'avantage d'aider leur jugement naturel par celui qui y est porté. C'est aussi à cause de ces personnes que je me suis servi des termes particuliers de l'art, parce que c'est un langage que tout Amateur doit connoître. Tous les mots dont nous nous servons, fixent une idée particuliere, & ne peuvent se remplacer l'un

par l'autre : auffi n'ai-je point balancé à
les répéter toutes les fois qu'il a été né-
ceffaire, quelque fatiguantes que puiffent
paroître ces répétitions. Il n'eft point de
moyen plus fûr pour apprendre la langue
des arts, que d'en voir faire l'application
aux objets qu'on a fous les yeux. Une
connoiffance profonde eft le fruit d'une
longue pratique : mais un Amateur aura
déja beaucoup acquis lorfqu'il fçaura faire
une jufte application des termes. Une
autre raifon qui m'a fait croire que cet
Itinéraire feroit utile aux voyageurs, eft
que les Livres qu'on trouve en Italie
n'indiquent point avec choix (1), les
chofes qu'il y a à voir dans une ville : au
contraire ils vantent également tous les
ouvrages, & ne font pas grace à un voyageur de ceux même qui font le moins
dignes de curiofité. Ce voyage qui, pour

(1) J'en excepte le Livre intitulé, *Le Pitture di
Bologna*, où les plus beaux morceaux font diftingués par une*.

être fait avec fruit, demande beaucoup de temps, en emporteroit bien davantage, fans compter la fatiété & la confufion que jetteroit dans l'efprit une multitude innombrable d'ouvrages médiocres, & même mauvais. J'ai affecté le plus fouvent de nommer les Maîtres par leur nom Italien, quoiqu'il y en ait beaucoup que nous avons francifé. Je ne crois pas qu'il nous foit permis de défigurer ainfi les noms propres : cette différence eft fouvent caufe qu'un voyageur qui ne fçait encore la Langue Italienne qu'imparfaitement, a peine à reconnoître les Auteurs dont on lui parle. Enfin je ne donne cet Ouvrage au Public, que parce que je n'en connois point de cette efpece, & qu'il peut être utile au défaut d'un meilleur : chacun peut l'augmenter de fes réflexions particulieres. Je ne le propofe que comme une ébauche, dans l'efpérance qu'il pourra être porté à fa perfection par quelque Artifte plus éclairé.

Le même Libraire fait traduire de l'Italien, le Livre intitulé Defcrittione di Roma Antica e Moderna. Par ce moyen on fuppléera, autant qu'il eft poffible, à ce qui manque dans ce Livre, où l'on ne trouve rien du tout fur la ville de Rome. On fupprimera, dans l'Auteur Italien, tout ce qui n'a point de rapport aux arts, afin de s'abréger & de réduire les deux volumes à un petit & portatif. On n'y pourra pas joindre de réflexions, parce que n'étant point fur le lieu, on ne pourroit que donner des éloges fondés uniquement fur la réputation du Peintre, & qui fouvent manqueroient de juftesse; car les plus grands maîtres ont quelquefois produits des ouvrages foibles & peu dignes d'eux, & d'ailleurs ont tant de fois changé de maniere, que l'éloge qui caractérife un tableau, ne convient point à l'autre : cependant le même auteur fe propofe d'y ajouter quelques notes fur les plus beaux morceaux dont il peut avoir confervé quelque idée.

APPROBATION.

J'AI lu, par ordre de Monſeigneur le Chancelier, un Ouvrage qui a pour titre, *Voyage d'Italie, ou Recueil de Notes ſur les ouvrages de Peinture & de Sculpture*, qu'on voit dans les principales *Villes d'Italie, par M. Cochin* ; & je n'y ai rien trouvé qui m'ait paru devoir en empêcher l'Impreſſion. A Paris, ce premier Mars 1758.

DE CONDILLAC.

TABLE

des Villes dont on traite dans ce premier Volume.

VOYAGE

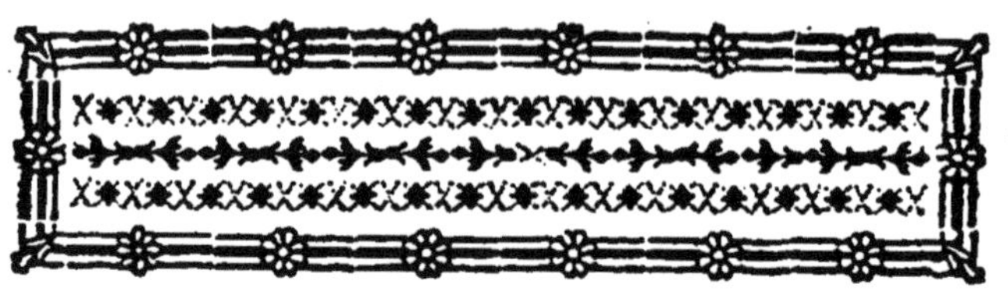

VOYAGE D'ITALIE.

PREMIERE PARTIE.

MONSIEUR le Marquis de Marigny ayant été nommé par le Roi, en 1746, à la survivance de la place de Directeur & Ordonnateur général de ses bâtimens (qui étoit alors remplie par M. de Tournehem), il crut, avec raison, qu'après avoir passé trois années à prendre toutes les connoissances relatives à cette place, il ne pouvoit mieux les perfectionner, que par un examen réfléchi de toutes les beautés de ce genre, que l'Italie renferme dans son sein.

Pour mieux remplir ses vues, il fit choix de M. Souflot, Architecte célebre, pour l'accompagner dans ce voyage, & lui faire part des lumieres qu'il avoit acquises par de longues études, sou-

tenues de l'expérience que donne une pratique
suivie dans l'art de bâtir. Il affocia encore à ce
voyage M. l'Abbé le Blanc, à qui l'on accorde
plus de connoiffance dans les arts, que n'en ont
communément les gens de lettres. M. le Marquis
de Marigny me fit l'honneur de jetter les yeux
fur moi, comme fur un artifte qu'il jugeoit capable d'examiner avec lui les chef-d'œuvres de
peinture & de fculpture dont l'Italie eft remplie.
C'eft ainfi qu'il entreprit ce voyage uniquement
deftiné à l'étude. L'expérience a fait voir combien
il eft important pour le fervice du Roi, & l'avantage des arts, qui fait une partie confidérable de
la gloire de la nation, que les perfonnes deftinées
à remplir ces places importantes, veuillent bien
prendre les foins néceffaires pour fe former le
goût, & pour fe mettre en état de juger par elles-
mêmes du mérite des artiftes qui font fous leurs
ordres.

Le recueil d'obfervations qui fuit, fur les belles
chofes qu'on voit en Italie, eft l'abrégé des réflexions que nous faifions enfemble pour les ap-
précier à leur jufte valeur. En recherchant avec
foin à connoître toutes les beautés des chef-
d'œuvres que nous examinions, nous nous fommes tenus en garde contre cette admiration uni-
verfelle, qui faifit trop fouvent les voyageurs

pour tout ce qu'ils voient. Nous avons vu les beautés avec transport, & les défauts qui se trouvent dans les plus belles choses., sans mépris. Nous y avons appris que ce qui fait le vrai beau, n'est pas de n'avoir point de défauts, mais d'avoir des beautés capables de les compenser, & de les faire oublier.

SUZE.

On doit y voir un arc de triomphe antique. Les notes faites sur ce monument ont été perdues : c'est pourquoi nous passerons à Turin.

TURIN.

CETTE ville, quoique petite, présente un aspect fort agréable dans son intérieur. Les rues en sont tirées au cordeau, & presque partout décorées de bâtimens semblables des deux côtés. On y remarque entr'autres la rue du Pô, qui est fort large. Aux deux côtés de cette rue regnent de grands portiques à arcades, dont les dessous donnent une voie très-large & fort commode aux gens de pied. Si quelque chose semble diminuer l'agrément de cette grande & belle rue, c'eſt que n'étant point parallele avec les autres rues voiſi- nes, celles qui y aboutiſſent n'y entrent pas à angle droit, & que d'ailleurs les bâtimens ſem- blables, qui regnent de part & d'autre, paroiſſent un peu trop bas pour la largeur de la rue : mais cela peut avoir été ménagé exprès, afin de ne point ôter le jour aux boutiques pratiquées ſous les portiques, & qui en effet ſont fort claires.

La porte de la ville, par laquelle on entre dans cette rue, eſt nommée auſſi *Porte du Pó*, parce que c'eſt par-là que l'on va au bord de ce fleuve, qui coule hors de la ville. Cette porte offre un aſpect aſſez beau : c'eſt un angle ſaillant arrondi. La porte eſt pratiquée dans l'arrondiſſement de l'angle. Les colonnes qui en décorent les côtés fuyans, ſont d'un Ordre Dorique, mêlé de can- nelures & de boſſages, qui cependant eſt fort léger & agréable par l'alongement que l'auteur a donné à la colonne. Les métopes & triglyphes s'arran- gent ſouvent aſſez mal dans les retours que la cor- niche fait au deſſus des colonnes : d'ailleurs il y a un défaut qui fait un mauvais effet. La partie du milieu, dans laquelle eſt ouverte la porte, eſt trop étroite pour celles des côtés fuyans. Le défaut que nous lui reprochons, ne paroît pas ſi ſenſiblement dans l'eſtampe qui en eſt gravée,

& qui fe trouve dans l'œuvre de cet auteur ; mais il eft choquant fur le lieu. Cet édifice eft du Pere *Guarini*, Architecte de l'églife des Théatins de Paris.

La principale place de cette ville, nommée la place de *S. Carlo*, eft fort vafte, & deux de fes côtés font décorés de portiques à arcades, dont les archivoltes font portés par des colonnes grouppées. La continuité de ces arcs, fans que rien décore le milieu plus que les autres parties, a quelque chofe d'infipide. Dans cette place on voit un petit portail de l'églife des Carmelites, qui fait un effet très-piquant, & qui eft très-in-génieufement compofé : il eft du Chevalier Philippe de *Giuvarra*. La porte eft couronnée par une efpece de fronton interrompu, terminé par deux enroulemens qui font affez bien liés par une groffe guirlande, quoique cette maniere d'inter-rompre ainfi le fronton foit vicieufe en elle-même. Le cartel qui remplit l'efpace que ces demi-frontons laiffent vuide, eft de très-mauvaife forme, & ne tient à rien. Un affez grand nombre de figures ornent le deffus de la corniche du premier Ordre : elles font pofées fur des piédeftaux, tous détachés les uns des autres ; ce qui ne produit pas un bon effet. La fenê-tre ovale, qui eft dans le milieu de la façade du fecond Ordre, eft mal décorée, & la confole

(ou le reſſaut de toutes les moulures de la corniche),
qui porte la pointe du fronton, a trop de ſaillie,
& par-là devient fort lourde. Le haut du portail
eſt mal terminé par des torches en baluſtres, qui
ſont de beaucoup trop hautes.

Il y a dans cet égliſe, qui eſt petite, mais fort
ornée, deux très-belles figures de M. le Gros,
dont l'une, qui repréſente une ſainte Théreſe debout dans l'extaſe, eſt ſi ſupérieure à l'autre,
qu'on auroit peine à les croire de la même main,
s'il étoit poſſible d'en douter. Elle eſt drapée du
plus grand goût; la tête eſt belle & bien ex-
preſſive; les mains ſont belles; bien de chair,
& d'un beau choix; la jambe ployée eſt trop longue.

Il y a pluſieurs autres égliſes très-ornées, &
ſur des plans quelquefois ingénieux, plus ſouvent
extravagans, ſurtout celles du Pere *Guarini*, qui
étoit ennemi des lignes droites. A Saint Philippe
de Néri, le principal autel eſt orné de trois colonnes torſes de chaque côté, qui ont le défaut
d'être trop groſſes relativement à leurs baſes & à
leurs chapiteaux.

La Consola de Philippe *de Giuvarra*, eſt décorée de grands pilaſtres; ce qui en rend l'aſpect
impoſant. Le plan en eſt ſingulier en ce qu'elle
eſt compoſée de trois égliſes, en quelque façon

féparées. La premiere , qui eft une efpece de vef-
tibule, en eft totalement diftincte. La feconde eft
un ovale, dans lequel on entre par le grand côté,
de maniere que l'églife paroît fort petite au premier coup d'œil, & il faut jetter fes regards à
droite & à gauche pour jouir de fa grandeur. Au
refte elle eft peinte partout d'ornemens de fort
mauvais goût, quoique d'une touche & d'une
couleur affez gracieufe. La troifieme eft une efpece de grande chapelle , avec un dôme. Le plafond de l'ovale eft d'une couleur affez féduifante,
& eft affez bien compofé de plafond.

On voit une églife du Pere *Guarini*, où tout
paroît porter à faux, les colonnes du fecond Ordre n'étant point à plomb fur celles du premier,
& l'on eft étonné de voir une voûte confidérable
portée par des corps auffi foibles. Mais l'étonnement ceffe lorfqu'on apprend que cette voûte
n'eft point la véritable (celle-ci étant appuyée fur
les murs extérieurs de l'églife), & que cette voûte
apparente eft extrêmement mince & légere. Au
refte cette idée paroît une mauvaife affectation,
d'autant plus déplacée, que tout ce qui peut in-
quiéter le fpectateur du côté de la folidité, doit
être abfolument banni de l'architecture.

On voit au palais de *Carignano* un efcalier qui
monte d'abord par deux rampes, qui fe réuniffent

en une qui paſſe pardeſſus la tête du ſpectateur, &
ſemble propre à l'effrayer; ce qui fait un effet
très-déſagréable.

Par cette même raiſon on pourroit bien déſap-
prouver ces eſcaliers ſuſpendus en l'air, qui ſont ſi
fort en uſage à Paris. Malgré tout l'agrément
qu'on prétend y trouver, ils ſont inquiétans; &
quoiqu'il ſoit facile de démontrer qu'ils ſont auſſi
ſolides que les autres, cette démonſtration ne ſe
préſente pas d'abord à l'eſprit. En un mot ils péchent contre l'apparence de ſolidité; & c'eſt une
raiſon ſuffiſante pour n'en point faire uſage dans
la bonne architecture.

Une autre égliſe dite *il Carmine*, de Philippe
de Giuvarra, eſt fort proprement exécutée, mais
l'idée en eſt folle. En général, ces Architectes
étoient ingénieux: mais comme le trop de génie
égare, ſurtout lorſque l'on veut ſortir de tous
les chemins battus, pour s'y être trop livrés, ils
ont fait des ouvrages qui plaiſent à la premiere
vue par leur richeſſe & la propreté avec laquelle
ils ſont exécutés: mais la raiſon n'y trouve pas
toujours ſon compte; c'eſt ce qu'on remarque
particuliérement dans les ouvrages du P. *Guarini*,
qui ſemble ne l'avoir jamais connue.

Palais du Roi de Sardaigne, à Turin.

Le Roi de Sardaigne a beaucoup de tableaux précieux. Deux grands de *Paul Veronese*, dont l'un repréfente Moïfe fauvé des eaux: il ne paroît pas de la plus grande beauté. On n'y trouve point ces belles demi-teintes dans les chairs, qui caractérifent ce maître. Celui qui eft vis-à-vis eft beaucoup plus beau, & a quantité de têtes de cette belle couleur, qui eft une des plus brillantes parties de cet excellent Peintre. Le fujet paroît être la Reine de Saba devant Salomon.

Deux du *Baffano*, très-grands, dont l'un repréfente l'enlevement des Sabines, & eft du plus beau de ce maître, c'eft-à-dire, d'une belle couleur, mais d'un deffein & d'une compofition bizarres.

Un tableau du *Guercino*, repréfentant l'enfant prodigue, qui eft d'une couleur vigoureufe, & d'un deffein très-hardi. C'eft un fort beau tableau.

Une tête que l'on dit du même Auteur, & qui eft en effet d'un goût de couleur femblable, mais dont la touche & *le faire* ne paroiffent pas fi faciles.

Un David du *Guide*, fort beau.

Un *Satyre Marsias*, écorché par Apollon, dit du-même Peintre. L'Apollon n'est qu'ébauché de grisaille.

Quelques petits paysages mêlés de ruines d'Architecture, & de quantité de figures touchées de grande & bonne maniere.

Une petite esquisse de *Pietro da Cortona*, l'Annonciation de la Vierge, touchée avec tout l'art possible.

Un petit tableau de l'Annonciation, par l'*Albani*. La tête de la Vierge est d'une finesse de dessein admirable. L'Ange est moindre, quoique fort beau. Les mains de la Vierge sont très-belles.

Les quatre élémens de l'*Albani* : chacun de ces tableaux peut avoir quatre pieds de diametre. Ils sont très-beaux & bien conservés, d'une belle correction, & d'une finesse de dessein admirable, parfaitement bien drapés, & d'une couleur suave. La composition en est un peu dispersée : c'est le défaut ordinaire de ce maître.

Une tête de Magdeleine pleurant, de *Rubens*.

Un autre tableau, qui représente, s'il n'y a erreur de mémoire, l'incrédulité de saint Thomas, grand comme nature, qui paroît aussi de *Rubens*, & qui est très-beau.

Un portrait en pied, grand comme nature, de

Charles I , Roi d'Angleterre , par un éleve de *Vandyk* , qui eſt un tableau admirable. Il eſt d'une vérité ſi étonnante , qu'il ſemble que ce ne ſoit point de la peinture. Le fond d'architecture , qui eſt fort riche , paroît avoir noirci ; car il eſt trop fort pour la figure.

Un autre tableau repréſentant les enfans de ce Roi , par *Vandyk* , qui eſt de la plus belle couleur poſſible , ſoit pour la beauté des chairs , ſoit pour la vérité des étoffes.

Un autre grand tableau , qui eſt auſſi du plus beau de ce maître.

Une Vierge accompagnée de l'Enfant Jeſus , & de pluſieurs autres figures , auſſi de grandeur demi-naturelle , qui ſemble de *Vandyk* , & qui eſt fort ·beau.

Un portrait de *Rembrant*.

Un petit tableau d'une tête de vieillard , du même , dont l'habillement & le fond ſont extrê-mement noircis , mais dont la tête & les mains ſont dignes d'admiration.

Un autre petit tableau du même , repréſentant une viſitation de la Vierge , qui eſt admirable , très-bien conſervé , & ne paroît point noirci par le temps.

Un petit tableau repréſentant une Vierge , avec quantité de figures. On n'a pu s'en rappeller le fujet. Il eſt d'un éleve de *Pietro da Cortona* : mais il y a pluſieurs figures ou enfans dans ce tableau, qui ſont de *Pietro da Cortona*, lui-même, & qui ſont faites avec un art & des graces admirables.

Une collection très-nombreuſe des maîtres Flamands; pluſieurs tableaux de *Gerard Douw*, d'une très-grande beauté ; entr'autres un d'environ deux pieds huit pouces de haut, repréſentant un médecin qui regarde une liqueur au travers d'une phiole; une femme malade, ſa fille qui lui prend la main, & ſa ſervante. Ce tableau eſt de l'exécution la plus prodigieuſe, & très-piquant d'effet : il paroît cependant que les ombres en ſont un peu noircies, & que l'extrême fini a ôté de cette fleur de facilité que l'on voit quelquefois dans ce maître.

Un petit *Berghem* : c'eſt un coucher du ſoleil, dont tous les objets ſont déja obſcurs ſur le ciel. Il eſt très-beau.

De fort beaux *Teniers*, des *Vouwermens*, d'autant plus intéreſſans, qu'ils repréſentent des ſujets & des combats de cavalerie. Un *Van Oſtade*, dont la magie du clair obſcur eſt admirable, & la couleur fort bonne. La touche eſt comme aux autres tableaux de ce maître, c'eſt-à-dire, molle & indéciſe.

Pluſieurs *Breughel*, plus harmonieux d'effet &

de couleur, qu'on ne trouve ordinairement les tableaux de ce maître, qui (quoi qu'en puissent penser les curieux qui les ont portés à un prix si haut), n'ont communément d'autre mérite que celui d'être touchés avec assez de délicatesse, & sont d'une couleur de fayance ou d'enluminure.

Il y a aussi quelques tableaux de *Claude le Lorrain*, fort beaux.

Plusieurs tableaux de Jean-Paul *Panini*, représentant diverses vues de *Rivoli*, maison de plaisance du Roi de Sardaigne. Ces tableaux sont d'une couleur fort agréable, bien exécutés, & d'une touche spirituelle & moëlleuse. Il y en a quelques-uns qui sont un peu jaunes, & la gradation de lumiere n'y est pas toujours conduite de maniere à faire beaucoup d'effet.

On voit quelques tableaux du fameux *Vanderwerf*, dont les curieux estiment les ouvrages un si grand prix. Ce peintre peignoit ses figures polies comme de l'yvoire, & les ombres fort noires. Le dessein en est cependant fin & correct, d'assez beau choix, & bien drapé : mais il est difficile de s'accoutumer à sa couleur, à sa froideur excessive, & au lissé de son exécution.

On y voit aussi quatre grands tableaux, sujets d'histoire, dont les figures sont d'un pied & demi, ou environ, de hauteur, par *Solimeni*. La maniere de ce maître eſt un peu dure; ſes ombres ſont noires, ſans preſqu'aucun reflet, & les lumieres claires, avec des demi-teintes tendres; ce qui, joint à ce que ſes lumieres ſont fort diſperſées, préſente au premier coup d'œil un grand nombre de taches noires & blanches. Cependant, en regardant ces tableaux en détail, on y trouve un deſſein ſçavant & de grand goût, des tons de couleur d'une belle fraîcheur, des têtes bien deſſinées, & d'un très-beau choix; des figures ingénieuſement ajuſtées, & un agencement de grouppes & de compoſition très-bien lié, & du plus beau génie.

Il y a d'ailleurs quantité de tableaux de différentes écoles d'Italie, dont pluſieurs ont de très-grandes beautés, ainſi qu'un grand nombre de tableaux Flamands, de différens maîtres.

On voit auſſi un cabinet orné de glaces, où ſont, dans les pilaſtres & dans les deſſus de portes, onze petits tableaux de *Carle Vanloo*, dont les ſujets ſont tirés de la Jéruſalem délivrée du Taſſe, & qui pour la plûpart ſont dignes d'admiration. La force & la fraîcheur de la couleur y ſont excellentes, & les graces du deſſein, ſurtout dans les têtes de femmes & d'enfans, y ſont jointes à l'exécution la plus précieuſe.

Les appartemens du Roi ſont richement décorés,

& en général de bon goût, quoiqu'il y ait des pieces où le mélange de dorures & de glaces semble
d'un goût un peu mesquin. Ils sont ornés de plafonds peints dans plusieurs pieces : mais en général ils sont beaux sans être excellens. Ils sont, ou
du chevalier *Danieli*, dont cependant on voit ailleurs de plus belles choses, ou du chevalier
Corrado, qui n'est pas là non plus dans toute sa
force, ou du chevalier *de Beaumont*, auteur moderne, qui est abondant en génie, mais dont la
couleur est un peu trop belle, c'est-à-dire qu'il
manque de vigueur, & tient un peu de l'éventail.

La chapelle du *Saint-Suaire*, qui fait partie
de ce palais, est fort vantée dans ce pays : le
bas est orné de colonnes grouppées, & portant
des arcades. Les petits Ordres sont artistement
mêlés avec les grands. Tout ce bas est de
marbre noir & beau : mais le dôme est de l'imagination la plus bizarre. C'est une quantité d'exa-
gones posés les uns sur les autres, l'angle de l'un
sur le côté de l'autre, & ainsi successivement ; ce
qui produit un grand nombre de percés triangu-
laires, fort extravagans. L'autel est à deux faces.

Le Théatre tient aussi à ce palais. Il est fort
grand ; la salle des spectateurs est de la forme
d'un œuf tronqué ; elle a six rangs de loges toutes

égales ; elles font un peu moins grandes qu'à Paris ; on n'y peut tenir que trois perfonnes de face ; les féparations font des cloifons tout-à-fait fermées , & un peu dirigées vers le théâtre. La néceffité de pratiquer un grand nombre de loges a empêché celle du Roi d'avoir la hauteur convenable. Elle a la largeur de cinq des autres loges , & n'a de hauteur que celle de deux. Elle eft élevée au fecond rang. Cette grande loge eft ronde dans fon plan : mais il n'en paroît d'ordinaire que la moitié, l'autre partie étant fermée par une fauffe cloifon , que l'on ôte dans les grandes cérémonies. Derriere eft une chambre , d'où l'on entend fort bien les acteurs ; & c'eft prefque le feul endroit d'où l'on entende , foit que le théâtre foit trop grand , foit par la rumeur que fait une multitude de perfonnes qui parlent dans leurs loges & dans le parterre, auffi haut que fi elles étoient chez elles. Toutes les féparations des loges font ornées de confoles d'affez bon goût. Le *profcenium* eft fort beau au premier coup d'œil ; il eft compofé de deux colonnes d'Ordre Corinthien , portées par un focle , & couronnées d'une corniche fans frife , qui eft interrompue par une loge ovale. Les moulures de la corniche font un fronton circulaire au deffus de cette loge. Entre les colonnes il y a deux loges , qui ont le défaut

de

de n'être point à la même hauteur que celles de la salle, & de ne s'y point accorder. Deux enroulemens donnent naissance à deux figures, moitié gaîne, moitié femme, qui sont censées porter la partie circulaire qui soutient le couronnement, mais qui auroient besoin que quelque chose les portât elles-mêmes. Elles font arcboutant contre une petite console couronnée de l'abaque & des volutes du chapiteau Ionique. L'architecte s'est un peu embrouillé dans sa corniche, l'ayant voulu faire paroître concave derriere les figures qui portent les armes ; il l'a contournée selon l'effet que produiroit la perspective dans une chose ceintrée, quoique réellement tout cela soit modelé sur une ligne droite. Ce n'est pas le seul endroit où l'on ait fait usage de ces mauvais effets du réel tortillé, pour s'ajuster à la perspective ; l'on en voit de moins supportables encore aux Vignes de la Reine. Ces choses ne peuvent faire leur effet que d'un point donné, & sont ridicules de tous les autres endroits. D'ailleurs tout ce couronnement est composé de parties circulaires, & d'un fronton rond ; ce qui est un manque de goût. Pour sauver le mauvais raccordement des loges avec ce *proscenium*, l'auteur l'en a séparé par une draperie réelle, qui fait un fort bon effet. Cet avant-scene a plus de quarante-cinq pieds d'ouverture. Tout

ce qui peut être utile à la commodité du théâtre
a été très-bien prévu. Il est cependant singulier
que dans un théâtre construit avec tant de dépense,
le plafond peint dans la salle, & représentant une
assemblée des Dieux , soit si mauvais.

Le bâtiment le plus beau & le plus imposant
qui soit à Turin , est le palais du Duc de Savoye.
Il est un peu dans le goût du péristile du Louvre ,
c'est-à-dire que ce sont des grandes colonnes Co-
rinthiennes , mais non grouppées , portées par
une espece de soubassement , sans ordre : mais il
n'y a que le milieu qui soit décoré de colonnes
isolées. Le soubassement est plus bas , & en cela
mieux que celui du Louvre. Il est décoré de fort
bon goût , peut-être un peu trop riche. Il a des
croisées qui sont très-belles , & ornées d'une maniere ingénieuse. Toute cette façade , qui est considérable , renferme un grand escalier qui monte à
droite & à gauche , & revient au milieu pour con-
duire dans un grand sallon. Cet escalier est en général fort beau , quoique l'on trouve que la cage ,
qui le renferme , soit trop étroite pour sa longueur. Il y a des détails fort ingénieusement
décorés , & d'autres de mauvais goût , & d'une
architecture trop tourmentée. Le sallon est bien
composé , & décoré d'une maniere ingénieuse &
grande. C'est un ordre & un attique. La corniche

de l'ordre eſt décorée de figures qui ne ſont pas fort belles : mais les enfans, ſoit de l'eſcalier, ſoit du ſallon, ſont très-bien modelés, & les conſoles en caryatides, qui ornent le plafond, ſont très-heureuſement inventées.

Il y a un grand palais tenant à celui du Roi, nommé l'*Académie*, qui eſt bien décoré : il eſt de Philippe *de Giuvarra*. Un manege commencé, où il y a d'aſſez bons détails, qui eſt très-vaſte, & dont la voûte eſt hardie : il eſt du comte *Alfieri*.

La richeſſe des édifices étonne proportionnellement à la petiteſſe de cette ville. Preſque tous les bâtimens y ſont décorés de fenêtres ornées de chambranles ſaillans, travaillés & couronnés de frontons. Ces décorations ſont quelquefois bonnes, plus ſouvent mauvaiſes, mais en général ingénieuſes, ſi l'on en excepte les maiſons modernes, où ce goût d'extrême enrichiſſement dégénere en folies du plus mauvais goût. L'entrée des maiſons eſt un *atrio* ou veſtibule ſous la porte cochere, décoré de colonnes & de pilaſtres, & enrichi de quantité d'ornemens. Sous ce veſtibule eſt le grand eſcalier. Le fond de la cour, qui ſe voit de la rue, eſt toujours décoré d'architecture, le plus ſouvent dans un goût théâtral. Cet *atrio* donne la commodité de deſcendre de carroſſe à couvert, & dans un lieu orné. Il en réſulte un autre avantage. Toute la décoration est sur la rue, au contraire de ce qui est en usage à Paris, où presque tous les beaux hôtels sont au fond d'une cour, & ne contribuent point, ou très-peu, à l'embellissement de la ville.

Les églises y sont fort ornées d'architecture, mais si licencieuse, qu'il seroit dangereux à un jeune architecte d'en être trop affecté avant que d'avoir vu le reste de l'Italie. Le goût d'architecture, qui regne dans cette ville, ne doit point servir de modele. Cependant un génie froid & stérile pourroit en tirer de l'avantage, & y profiter de quelques inventions heureuses, qui réglées par un goût plus sage, fourniroient des ressources dans les occasions où l'architecture antique paroît trop sévere.

Un des principaux objets de curiosité pour ceux qui commencent le voyage d'Italie, c'est le théâtre.

Il est bien propre à donner la plus grande idée de ceux qui sont construits dans ce systême moderne, puisque c'est le plus richement & le plus noblement décoré qu'il y ait en ce genre : cependant il ne paroît pas qu'il remplisse entiérement celle qu'on peut se former d'un beau théâtre. Ce n'est pas par comparaison avec les nôtres qu'on en peut juger ainsi, & il vaut mieux convenir que nous n'avons aucun lieu qui mérite ce nom (si l'on en excepte celui qui a été nouvellement construit à Lyon), que de prétendre justifier les petites salles où nous donnons nos spectacles. On peut dire néanmoins, pour notre excuse, que l'on n'a point encore bâti en France de théâtre exprès; que tous ceux qu'on y voit ont été construits dans des lieux donnés, étroits & fort longs, & en cela directement opposés à toute bonne forme de théâtre, & contradictoires à leur destination. On a donc lieu d'espérer d'en voir un jour d'une autre espece. Cependant, malgré la connoissance que nous avons, soit des théâtres antiques, soit de ceux de l'Italie moderne, on n'oseroit conclure que, si nous en construisions de nouveaux, il y eût beaucoup d'architectes qui voulussent renoncer à notre plan ordinaire, tant l'habitude, quoique reconnue mauvaise, a de force, & tant ceux que leur mérite & leur réputation pourroient mettre en état de dompter le préjugé, ont de foiblesse, lorsqu'il s'agit de contredire l'opinion vulgaire.

La forme d'œuf tronqué, qu'on voit à celui de Turin, quoiqu'infiniment meilleure que notre quarré long, est cependant peu agréable & irréguliere. Ces six rangs de loges, toutes égales, présentent une uniformité froide, qui les fait ressembler à des cases pratiquées dans un mur. D'ailleurs cette égalité est contraire aux regles du goût qui exige des proportions variées dans les masses principales d'un édifice. La séparation des loges murées de biais fait un effet désagréable en, ce que ce biais n'est pas réguliérement dirigé au théâtre , & que ce mur ne laisse à celles des côtés que quatre places d'où l'on puisse voir commodément : mais comme il tient aux usages du pays , il est d'obligation. Les Italiens construisent leurs théâtres relativement à leurs mœurs, qui sont différentes des nôtres. Leurs loges sont pour eux un petit appartement, où ils reçoivent compagnie. En effet leurs opera sont si longs, que si l'on ne s'y amusoit d'autres choses, il seroit difficile d'y rester, sans ennui, quatre heures & plus que dure ce spectacle. Les habits de leurs acteurs sont de plus mauvais goût encore que ceux des nôtres (1). Non seulement ils ont également adopté la prétendue grace des paniers , tant aux hommes qu'aux femmes, mais encore ils en ont augmenté le ridicule, en les faisant beaucoup grands, & en les terminant en bas par une ligne droite ; ce qui présente deux pointes, qui font un effet très-désagréable. On

______

(1) Depuis quelque temps le goût d'une actrice célebre, secondée de plusieurs acteurs , gens de goût , nous a fait voir à la Comédie Françoise des habits naturels & de bon goût , mais il y a toujours à craindre qu'ils ne soient pas suivis des autres.

fait peu d'ufage des machines à ces théâtres, &
leur induftrie fe borne ordinairement à ajufter
une décoration pendant que l'autre les cache. Les
chaffis avancés font apportés à leur place par des
hommes, & retenus par une barre qui les étaie.
Néanmoins, par la grandeur de leurs théâtres,
ils préfentent des fpectacles grands & magnifi-
ques. Le peintre qui faifoit alors les décorations,
compofoit de mauvais goût, felon la mode qui
eft préfentement en vogue en Italie ; & excepté
quelques-unes de pierre grife, qu'il peignoit affez
bien, le refte étoit peu de chofe. Ils ont cependant le talent de préfenter beaucoup de morceaux
d'architecture, vus par l'angle, ce qui produit un
très-bon effet au théâtre, en ce que cela fauve la
difficulté des raccordemens de la perfpective pour
les différens afpects : méthode dont nous devrions
faire un peu plus d'ufage, furtout fur nos petits
théâtres. En général leur couleur eft grife, & ils
n'ont pas, plus que nous, l'art d'augmenter l'effet
de leur décoration par des parties généralement
ombrées & oppofées à des parties lumineufes.

LA SUPERGA.

ÉGLISE magnifique, bâtie sur une montagne peu éloignée de la ville : c'est la sépulture de Victor Amédée. Elle est ronde, décorée de colonnes non doublées, d'un ordre Corinthien, dont l'aspect est imposant, & qui a plus de quatre pieds de diametre. Elles sont d'un marbre gris du pays, qui est fort beau, & d'une couleur agréable, approchante du bleu turquin. Les corniches des petites colonnes qui soutiennent les archivoltes qui font l'entrée des chapelles, s'ajustent fort mal contre les grandes, & ont obligé à laisser une espece de fente entr'elles & la colonne. Le dôme est formé & soutenu par un second ordre de colonnes de marbre rouge. Elles sont de deux sortes, droites & torses jusqu'au tiers. Les colonnes qui soutiennent la corniche font droites, mais nichées d'une maniere fort désagréable dans un enfoncement pratiqué dans les pilastres. Les torses décorent les fenêtres. L'architecte a été forcé d'employer cette mauvaise sorte de colonne, le Roi en ayant alors une quantité qu'il vouloit placer : mais ce qu'il a fait de lui-même, & qui néanmoins produit un très-

mauvais effet, c'eſt d'avoir fait bomber les piédeſtaux du ſecond ordre dans un ſens contraire
l'un à l'autre ; ce qui d'en bas fait fort mal. Les
piédeſtaux du premier ordre paroiſſent enterrés,
n'ayant preſque point de plinthe. L'enfoncement
dans lequel eſt le principal autel, eſt décoré richement, mais n'a rien de fort beau. Les autels de
cette égliſe ſont tous décorés de bas-reliefs de
marbre blanc : ils ſont compoſés comme des tableaux, & d'un relief fort ſaillant. Cette ſorte de
décoration a plus de repos à l'œil, & de majeſté
que n'auroient des tableaux : mais toute cette
ſculpture n'eſt pas fort belle. Le bas-relief du maître-autel eſt cependant aſſez bien compoſé, & fait
un bon effet d'un peu loin. Cette égliſe eſt en général de grande maniere, quoiqu'il y ait pluſieurs
détails de fort mauvais goût. On y entre par un
portique quarré, dont les colonnes ſont d'un
plus grand diametre que celles du périſtile du
Louvre. Ce portique eſt très-beau en lui-même ;
mais la baluſtrade qui le couronne, eſt ridiculement grande, & il avance beaucoup trop par rapport au reſte du bâtiment. La porte qui eſt deſſous eſt belle ; il y a deux niches l'une ſur l'autre,
de chaque côté, pour recevoir des figures. Ce
portail eſt orné de deux campanilles très-belles,
mais fort mal terminées. Le bâtiment de derriere,

où demeurent les chanoines, a de fort beaux corridors, & une cour décorée de pilaſtres en bas-reliefs. Cette architecture eſt de Dom *Philippe de Giuvarra.*

LES VIGNES DE LA REINE, près de Turin. C'eſt un bâtiment aſſez petit, ſur une hauteur, d'où l'on voit toute la ville de Turin. On monte un double eſcalier, dont le milieu eſt décoré d'une fontaine, de tables & de niches ruſtiques. On entre dans un ſallon à deux étages à l'Italienne : ce ſallon n'eſt orné que d'architecture peinte dans le mauvais goût italien, c'eſt-à-dire qu'elle eſt aſ-ſommée de groſſes moulures & d'ornemens pe-ſans. D'ailleurs, quoique cette peinture trompe aſſez l'œil, elle eſt faite d'une maniere ſéche.

On voit dans les appartemens quelques pla-fonds fort beaux, dont la couleur eſt harmonieu-ſe, & tient un peu de *Paul Véroneſe :* ils ſont du chevalier *Danieli.* Ce peintre a hazardé dans ces plafonds des choſes qu'il eſt bien difficile d'y faire réuſſir. Il y a repréſenté des ſujets dont la ſcene ſe paſſe dans des palais, ſur des eſcaliers à pluſieurs marches. Quoique dans l'exacte vérité cela ſoit impoſſible, puiſque la premiere marche, vue en deſſous, cacheroit toutes les autres, & les figures auſſi, cependant, en regardant cela avec moins de ſévérité, il a rempli cette ſuppoſition autant bien qu'il étoit possible. D'ailleurs il a traité avec succès les figures debout & vues en plafond, & la couleur & la dégradation des teintes y sont fort bien entendues. Au reste, comme les planchers ne sont pas fort élevés dans un petit bâtiment, ces plafonds sont vus de trop près ; ce qui ne contribue pas peu à diminuer l'effet qu'ils pourroient faire par la maniere dont ils sont traités.

Dans cette même maison il y a plusieurs dessus de porte du chevalier *Corrado*, éleve de *Solimeni*, dont l'effet est piquant, & la composition ingénieuse. La couleur dans quelques-uns tient beaucoup de celle de feu M. *le Moine*, premier peintre du Roi, non pas cependant que les demi-teintes en soient si variées, ni si belles, mais seulement par le ton général qu'ils présentent à l'œil. Dans d'autres elle tient de celle de son maître, c'est-à-dire que les ombres en sont noirâtres & extrêmement vigoureuses. On voit plusieurs plafonds du même peintre dans ce petit palais, qui ne sont pas si bien que ses tableaux de chevalet, & qui sont extrêmement foibles de couleur : l'agencement & la liaison des groupes y est néanmoins toujours ingénieuse.

On voit aussi dans l'église de *Sainte Thérese*, à la chapelle de Saint Joseph, deux grands tableaux de ce même peintre, qui font fort beaux. Il femble, au premier coup d'œil, qu'ils ont quelque reffemblance de maniere & de couleur au tableau de M. *Halé*, qui eft à Notre-Dame de Paris. La façon de traitér les draperies en eft fort belle & un peu méplate.

. LA VENERIE. C'eft une maifon de plaifance du Roi de Sardaigne, dont les dehors, pour la plûpart, ne font pas encore revêtus ; mais cependant, par ce que l'on en voit, ils promettent d'être fort beaux. Dans le premier grand fallon, qui monte jufqu'au haut du bâtiment, *il y a* des tableaux de *Daniel Mieli :* ils repréfentent plufieurs momens de chaffe, ornés de grand nombre de figures. Quoique ce foient des figures de modes, elles font traitées de fort grande maniere, & d'une couleur belle & vigoureufe, mais un peu noircie par le temps. Le *faire* en eft fort beau ; la couleur & les ombres font décidées avec fermeté, à peu-près dans le goût de *Jamieli :* mais les lumieres n'y font pas grouppées. Les têtes où il a voulu faire des portraits, font mauvaifes. Ces tableaux font obfcurs en général, & *il faut* les regarder avec attention pour appercevoir leur mérite. Les appartemens font fort beaux.

. L'églife de cette maifon de plaifance eft très-belle, & d'une architecture en général affez fage, & cependant ingénieufe : c'eft un dôme en croix grecque. Le cul-de-four, où eft le maître-autel, fait le plus noble effet : c'eft une colonnade fimple, avec entrecolonnemens étroits. L'autel eft décoré d'un tabernacle de mauvais goût : c'eft une autre petite églife.

Cette églife eft, dans le rapport des parties au tout, d'une proportion qui fait plaifir à l'œil. Dans les maffifs qui portent les pendentifs du dôme, il y a en bas des niches, dans lefquelles on a placé de grandes figures, qui ne font pas fort belles : les petites colonnes fort faillantes, qui les accompagnent, font un trop petit objet.

On voit dans ce même lieu un tableau de Sébaftien *Ricci*, qui eft une très-belle chofe. Il repréfente un Saint Auguftin, qui eft très-bien peint, bien drapé, & dont la tête eft belle ; Saint Sébaftien & Saint Roch ; en haut, une Vierge avec des Anges. Ce tableau eft très-bien deffiné, & d'une couleur argentine, fraîche & extrêmement agréable. Dans les endroits qui ne font éclairés que de reflet, il eft admirable. En général ce tableau eft d'une grande beauté, d'un bel effet, & très-féduifant.

Il y a quelques autres tableaux de Sébaftien *Conca* & du chevalier *Beaumont*. Le plus beau eſt un *Saint François de Salles*, qui tient un peu du ton & de la maniere de *Boullongne*, premier peintre du Roi : mais tout cela eſt entiérement effacé par le *Ricci.*

Les dehors de cette égliſe ne ſont pas achevés ; mais il paroît que ce ſera une confuſion de bâtimens de pluſieurs manieres & de différentes hauteurs.

L'orangerie de la Vénerie eſt un très - beau morceau d'architecture ; les voûtes en ſont très-bien décorées dans un goût ſimple & mâle. Il y a de grandes & belles écuries La galerie n'étoit pas achevée ; mais elle eſt d'une très-belle grandeur, & plus élevée que celle de Verſailles, parce que l'ordre qui la décore eſt ſurmonté d'un attique percé de croiſées. Le tour eſt richement décoré, quoique tout blanc. Les deux bouts de la galerie ſont décorés d'un goût théâtral, & qui fait beaucoup d'effet. Ce ſera un palais magnifique lorſqu'il ſera entiérement achevé : il eſt de *Giuvarra.*

STUPINIGI. Cette maiſon de plaiſance du Roi de Sardaigne ne conſiſte preſque qu'en un grand ſallon & quelques appartemens ; mais il y a des projets du comte *Alfieri* pour l'augmenter conſidérablement. Le ſallon préſente un aſpect fort riche, & tout-à-fait théâtral : il eſt entiérement

décoré de peintures & d'ornemens, mais toujours en trop grande quantité, & d'un goût
trop pesant. L'architecture en est fort irréguliere
& extravagante, quoique riche par le mouvement de la balustrade, qui tourne au premier
étage, & conduit dans les appartemens. Cela
est dans le goût des folies de *Meyssonier*. Il y
a dans les appartemens plusieurs plafonds à fresque, entr'autres un de *Carle Vanloo*, qui est
fort beau : il représente Diane & ses Nymphes.
Il y en a quelques autres par des peintres Italiens, qui ne sont pas beaux : on en peut cependant excepter un (dont j'ai oublié le nom),
qui entendoit très - bien le raccourci des plafonds. Ces plafonds à fresque, étant clairs, décorent gaiement & très-bien. Ce bâtiment est aussi
de *Giuvarra*.

MILAN.

Le dôme ou la cathédrale de cette ville est une église très-grande & très-élevée, bâtie de marbre blanc non poli. Cet édifice cause de l'étonnement par la grandeur de l'entreprise; car, quoique de marbre, c'est un gothique des plus chargés d'ouvrage que l'on puisse voir, orné d'une quantité innombrable de statues de même matiere. On les y a prodiguées avec tant de profusion, qu'il y en a tout au haut de l'édifice, qui n'ont pas un pied de proportion, dans de petites niches qui les cachent, & qui font elles-mêmes placées dans des endroits que l'œil ne peut découvrir. C'est le comble de la folie du travail des Architectes Gothiques. Le dôme au dessus du milieu de la croix de l'église, n'est point achevé, aussi bien que quantité d'ornemens, qui doivent terminer le haut de cet immense bâtiment. Le portail n'est point fini; il n'y a que les portes, qui font au nombre de cinq, quatre petites & une grande : elles font très-belles, & d'architecture dans le goût grec. Il y a à côté de ces portes des pilastres qui ont sept pieds de diametre. On a dessiné beaucoup de projets pour la construction

de

de ce portail (qui vraifemblablement ne fera jamais achevé); plufieurs font dans le goût de l'architecture grecque , & plufieurs dans le goût gothique , qui femble beaucoup plus convenable à une
églife qui l'eft elle-même. Il y auroit cependant
bien de la folie à faire exprès un fi grand ouvrage
dans un genre d'architecture de mauvais goût, qui
eft avec raifon entiérement abandonné. Joignez à
cela que ce goût augmente le travail par la multitude de petits ornemens qu'il exige , & que c'eft
former une entreprife qui étonne l'imagination ,
pour ne produire fciemment qu'une mauvaife
chofe, qui coûteroit plus que plufieurs bonnes,
& auffi apparentes dans un meilleur goût.

Les portes de ce portail font décorées de
bas - reliefs affez médiocres. Ils font exécutés
fur des grifailles peintes par le *Cerano*, qu'on
voit chez les chevaliers qui font chargés de di-
riger la continuation du dôme. Ces grifailles font
d'un pinceau large & moëlleux , mais d'une incorrection infupportable.

Dans le milieu de la croix de cette églife , *il y*
a une ouverture au pavé, entourée d'une baluftra-
de, qui donne de la lumiere à une chapelle fou-
terreine, où repofe le corps de Saint Charles
Borromée. Il eft dans une châffe compofée de
vitraux de cryftal de roche , enchâffés dans des

cadres d'argent doré : le tout compofe un cercueil
capable de contenir le corps du Saint revêtu de
fes habits épifcopaux , la croffe entre fes bras. Le
commencement du plancher, incliné autour de
l'ouverture, eft orné de bas-reliefs d'argent doré,
qui repréfentent les principales actions de la vie
du Saint : ils font fort bien exécutés, quoique
d'un relief un peu trop faillant.

On montre dans la facriftie un tréfor confidérable par fa richeffe. On y peut remarquer , quant
aux chofes de goût, un calice ancien, où il y
a de petites figures de Saints ou d'Apôtres , très-
bien travaillées, & d'une touche fpirituelle ; une
paix, où il y a en bas une defcente de croix, &
en haut quelques petits anges très-bien rendus , &
de la main d'un très-habile orfévre. On voit dans
la même églife une ftatue de marbre, repréfentant un Saint Barthélemi écorché, qui a fa peau
fur les épaules. Cette ftatue, quoiqu'affez belle,
n'eft pas digne de l'admiration que les Milanois
marquent pour elle. Ils racontent qu'on a voulu
la leur acheter, en la troquant contre de l'argent,
poids pour poids.

S. Lorenzo. L'architecture en eft d'une compofition fort finguliere. Le plan eft un octogone ;
quatre des côtés de cet octogone font des portions de cercle en enfoncement ; fur ces portions

de cercle sont élevées des colonnades à deux ordres l'un sur l'autre ; sur les côtés de l'octogone,
qui sont en lignes droites, s'éleve un ordre, grand
à lui seul comme les deux autres, qui porte le
dôme. Cette idée est assez bizarre ; cependant
elle a de la beauté par cette quantité de colonnades qui y produisent des galeries tournantes :
elle paroit imitée de l'église gothique de *Saint*
Vital, à *Ravenne*.

Il n'y a de peintures, dans cette église, que
quelques petits morceaux, derriere le maître-
autel, qui ne sont pas mauvais.

On voit près de cette église un reste d'antiquité romaine : il consiste en une colonnade de
seize colonnes. Ces colonnes paroissent d'une gros-
seur & d'une proportion semblable à celles du péristile du *Louvre*; les entrecolonnemens sont étroits
& égaux entr'eux, excepté celui du milieu, qui
paroît double des autres. Ces colonnes sont cannelées & remplies d'une baguette jusqu'au tiers ; elles
portent leur entablement, dont on voit encore
les moulures en quelques endroits ; les volutes
des chapiteaux sont tombées, & les bases sont
écornées : c'est un fort beau reste d'antiquité.
Cependant au dessus du plus grand intervalle qui
est au milieu, toute la corniche s'éleve en arc,
pour se couronner d'un fronton triangulaire.

Il eft difficile de concevoir comment la corniche auroit pu tourner ainfi, & fi les moulures de l'architrave auroient tourné auffi, ou comment elles fe feroient terminées, parce que toute la corniche eft ruinée : mais il n'y a nulle apparence que cette licence ait jamais pu faire un bon effet.

S. MARCO. Dans le fanctuaire on voit deux tableaux. Celui à gauche, qui eft du *Cerano*, repréfente le baptême de Saint Auguftin. Il eft compofé avec une très-grande chaleur d'imagination, peut-être même exceffive ; il y a des chofes excellemment bien peintes, & quelques têtes belles & de bonne couleur, mais il y a des incorrections de deffein, & des défauts d'enfemble dans les figures, qui ne font pas fupportables : tous les grouppes du devant font des coloffes, en comparaifon de ceux de derriere. Celui à droite, de *Camillo Procaccino*, eft plus correct, mais plus froid, & tient, pour le goût de draper & de peindre, de quelque imitation de *Raphaël*. Il y a des chofes deffinées de grand caractere : cependant ce n'eft qu'un tableau médiocre. C'eft auffi un fujet de la vie de Saint Auguftin.

A S. VICTOR, Moines Olivétans. Plufieurs tableaux de bons maîtres, entr'autres un de Daniel *Crefpi* (c'eft le même que l'on appelle le *Cerano*), qui eft très-beau : il repréfente Saint Antoine &

Saint Paul hermite, mort. Deux Anges emportent l'ame de S. Paul, qui eſt repréſentée par une petite figure blanche, & qui a l'air d'une femme. Les deux Anges ſont dignes d'admiration, ſoit pour la maniere dont ils ſont coëffés & ajuſtés, ſoit pour la fraîcheur & la tendreſſe de la couleur. Les deux Saints ſont traités de la maniere la plus fiere, & dans le goût du *Guercino :* ſurtout la tête du mort eſt fort belle.

S. Antonio, égliſe des Théatins. On y voit un tableau d'une Vierge qui, aidée de l'Enfant Jeſus, écraſe la tête du ſerpent. Ce tableau eſt compoſé & drapé de grande maniere, mais il n'a point de fineſſe, ni de beautés de détail.

A la chapelle de l'Annonciation de la Vierge, on voit ce ſujet traité par Jules-Céſar *Procaccino:* la Vierge y eſt debout. Ce tableau eſt fort noirci, & l'on en diſtingue peu de choſe : mais ce que l'on en apperçoit eſt fort beau ; les têtes ſont très-bien ; la couleur en eſt belle & fiere. Il ſemble cependant que les ombres, étant d'un noir roux, ne ſoient pas du meilleur ton.

On dit qu'il y a dans cette égliſe un tableau d'Annibal *Caracci.* Il y a en effet quelques tableaux qui ont des beautés, mais cependant qui paroiſſent peu dignes d'être donnés à ce grand maître.

Dans une autre chapelle de cette même égliſe

on voit une *Sainte Famille*, où est la Vierge & l'Enfant Jesus, Saint Paul & Sainte Catherine, de *Bernardino Campi*. Ce tableau est d'une couleur aimable, surtout la Gloire de petits Anges, qui est en haut.

Autre tableau d'autel. Saint André *Avellino*, mourant dans un extase, en montant à l'autel. La figure du Saint est peinte avec la plus grande facilité, & d'une couleur brillante & fiere. Les figures de la Vierge & des Anges qui lui apparoissent, sont beaucoup trop petites pour leur plan, & d'une couleur qui, quoique agréable, est fausse, & ne tient point assez de la nature. Ce tableau est, dit-on, du chevalier *Francesco del Cayro*.

SANTA MARIA, près *San Celso*. Cette église, ainsi que le portail, est toute revêtue de marbre non poli. L'entrée est une cour quarrée, entourée d'un portique. Le portail n'est pas d'une excellente architecture, & les masses générales n'en sont pas bonnes ; mais il est fort orné de sculptures, dont la plus grande partie est belle.

On voit au dessus de la porte deux figures de Sybilles couchées, qui sont d'un grand caractere, & bien drapées : elles sont de *Fontana*, aussi bien que plusieurs des bas-reliefs qui décorent cette façade, & dont le relief est fort saillant.

Dans deux niches en bas, font deux figures, une d'Adam, & une d'Eve, par *Artaldo di Lorenzi*, Florentin : elles font fort belles, correctes, & d'un contour coulant & pur.

Dans l'églife, dont l'architecture eft fort belle, on voit au deffus de la petite porte d'entrée, du côté gauche, une figure de Vierge en marbre, qui étoit autrefois tout au haut du portail, d'où on l'a ôtée, en fubftituant une copie à fa place. Cette figure eft belle, & d'un beau travail. Les plis des draperies font bien formés, fort légers, & en général d'affez beau choix. Elle a le défaut d'être-d'une nature trop courte. D'ailleurs il paroît qu'elle n'étoit pas bien compofée pour la place où elle devoit être. La tête eft levée vers le ciel, de maniere que d'en bas on ne lui verroit point le vifage.

Près du fanctuaire on voit quatre figures de marbre, dont l'une repréfente la Vierge, & les trois autres paroiffent être des Prophetes. Ces figures font fort belles & de très-grand goût. La Vierge eft travaillée avec le plus grand foin. Elles font toutes de *Fontana*, & elles ont le défaut ordinaire à ce fculpteur, c'eft-à-dire qu'elles font courtes.

Les tableaux dont cette églife eft ornée, font en général bons. Les plus remarquables font :

premiere chapelle, un tableau de Jefus-Chrift, & Sainte Thérefe, d'une maniere fort large.

Seconde à droite, un Saint-Efprit & une Gloire d'enfans, fort bien peints.

Troifieme à droite, Saint Sébaftien, bien peint : la maniere en eft large, & la couleur belle. Les enfans font fort beaux ; la figure du Saint eft moins bien.

Quatrieme arcade à droite, un tableau de plufieurs Martyrs, très-beau. Il y a une figure de bourreau, qui eft trop forte.

Cinquieme, une Sainte Lucie, fort belle, & qui tient un peu du goût de *Rubens.*

Une Chûte de Saint Paul, du *Moretti.*

Un Baptême de Saint Jean, tableau ancien, bien deffiné & vrai de couleur. La Gloire d'enfans eft fort belle.

Une Réfurrection fi finguliérement compofée, que les foldats rempliffent prefque tout le tableau. Le deffein en eft d'affez grand caractere, mais le *faire* en eft fec, & la couleur mauvaife.

S. Alexandre, Barnabites. Belle églife, toute couverte de peintures médiocres. Il y a dans la chapelle de la croifée, à droite, un tableau fort noirci, mais qui eft affez beau.

Sainte Marie des Graces. Dans une chapelle à droite, un Saint Paul, de *Gaudentio Ferrari*

Novarese. Ce tableau eſt aſſez beau , & bien drapé ; la couleur en eſt dure , & la maniere ſéche ;
la tête eſt belle.

Au maître-autel, une Réſurrection de *Pam-*
philo Nuvoloni, très-bien compoſée, & d'une belle
imagination ; la maniere en eſt un peu molle &
peſante.

A la chapelle de la croiſée de l'égliſe, à gauche,
il y a un Couronnement d'épines du *Tiziano.* Ce
tableau eſt d'une couleur admirable , d'un pinceau
moëlleux : les têtes ſont de la plus grande beauté.
Il eſt très-bien compoſé, & doit avoir fait un
très-bel effet de clair obſcur ; mais il eſt noirci
par le temps , & placé dans un endroit fort ſombre: les cuiſſes du Chriſt, qui eſt aſſis, ne s'atta-
chent pas bien aux hanches.

On fait voir dans la chapelle qui précede celle-
là , une Vierge miraculeuſe, peinte par Léonard
de Vinci. Il y a deux figures au bas , qui ſont des
portraits : c'eſt un aſſez médiocre tableau.

On croit que c'eſt dans le couvent de cette égliſe,
ou à Saint Victor , que l'on voit dans le réfectoire
un grand tableau peint à freſque ſur le mur
(figures plus grandes que nature), de Léonard
de Vinci : il repréſente la Cene , & Saint Jean
appuyé ſur la poitrine de Notre Seigneur. Ce
tableau a de grandes beautés ; les têtes ſont belles,

de grand caractere, & bien coëffées ; il eſt bien drapé, & en général fort dans le goût de *Raphael*. Il y a un défaut aſſez ſingulier : la main du Saint Jean a ſix doigts.

SAINT FEDEL, maiſon profeſſe des Jéſuites. L'égliſe eſt aſſez belle ; il y a un autel dont la penſée eſt fort bizarre & ridicule : c'eſt qu'aux deux côtés du tableau ſont deux Anges de ſculpture, figures humaines juſqu'aux hanches, & le reſte en gaîne. Ils ſoutiennent d'une main l'architrave, & tiennent de l'autre la colonne qui devroit la porter, comme n'étant pas encore poſée, & voulant la mettre deſſous, & en effet elle eſt inclinée : ce ſont de ces folies que produit l'envie de faire du nouveau.

SANTA MARIA *della Vittoria*, petite égliſe décorée de marbre blanc, d'une architecture fort ſage. Il y a trois chapelles. Le tableau du maître-autel eſt de *Salvator Roſa*, & repréſente une Aſſomption ; les Apôtres regardent dans le tombeau. Ce tableau eſt beau, & fort bien conſervé, ſurtout bien drapé & bien compoſé, quoiqu'il n'y ait aucune de ces idées extraordinaires qu'on trouve quelquefois dans ce grand peintre.

Deux tableaux aux deux côtés du ſanctuaire du maître-autel. L'un repréſente un petit Saint Jean dans le déſert, de l'âge de dix à douze ans. La figure, de *Francefco Mola*, eft deffinée avec beaucoup de vérité, & d'une belle couleur ; mais le payfage, qui eft de *Gafparo Poffino*, ne femble pas d'une bien belle touche.

Autre tableau repréfentant Saint Paul hermite : le payfage eft ici fort beau, & de cette maniere à grandes branches pendantes, dans le goût de *Salvator Rofa*.

Dans la chapelle de Saint Charles, à droite, on voit ce Saint adminiftrant la communion aux peftiférés. Ce tableau eft compofé avec beaucoup de feu, & d'une couleur vigoureufe ; les têtes font belles : il eft de *Giacinto Brandi*.

Dans la chapelle à gauche, un Saint Pierre aux liens, de *Giovanni Ghifolfi*, qui n'eft pas fort beau : la tête de l'Ange eft cependant affez belle.

Un Tabernacle, où l'on voit deux Anges de bronze, dont les draperies font dorées, qui portent un petit temple de même métal. La penfée de ce tabernacle eft fort belle, mais les deux Anges ne font pas d'une grande perfection : les draperies en font pliffées trop mollement dans le goût du *Bernini*.

Deux Candelabres de bronze doré, fort beaux & d'un très-grand goût, foit pour la diftribution des ornemens, foit pour les formes. Une

Lampe d'églife, de bronze, fort belle, & d'une compofition fimple & ingénieufe : ce font trois petits enfans, dont les jambes fe grouppent, & qui portent une couronne de fleurs. Le cartel au deffus de la porte, & où l'on voit un papier déployé, qui porte le nom du Cardinal fondateur, eft fort beau & de bon goût. Tout cela paroît du *Bernini*, ou de quelqu'un de fes éleves.

GALERIE DE L'ARCHEVÊCHÉ. On y voit plufieurs tableaux. Une Adoration des Rois, du *Tiziano*. Ce morceau paroît avoir été fait avant que ce maître fût dans fa force ; car il n'eft pas fort beau, non plus qu'un tableau qui lui fait pendant.

Un tableau du *Giorgione*, qui eft beau, & d'une couleur fort vigoureufe : il paroît avoir beaucoup noirci.

Il y a un tableau de trois peintres différens, dans lequel on voit Sainte Rufienne prête à avoir la tête tranchée, peinte par Jules-Céfar *Procaccino* ; Sainte Seconde, morte, la tête tranchée, du *Cerano* ; & un Cavalier & un Negre, du *Morazzone*. Ce tableau eft beau, malgré ce mélange ; la Sainte à genoux eft de bonne couleur, quoique les ombres foient d'un roux noir. Ce qui eft du *Cerano* eft peint avec facilité, & d'un beau moëlleux.

Du *Cerano*, une Magdeleine, demi-figure, grande comme nature, avec un Ange qui lui parle, & une Sainte Famille, où une Sainte paroît vouloir baiser la main de l'Enfant Jesus, demi-figures, de grandeur naturelle. Ces deux tableaux sont du plus beau pinceau, & d'un *faire* facile : ils sont dessinés de très-bon goût, & du plus beau moëlleux. La couleur en est d'une fraîcheur charmante ; les tons en sont extrêmement agréables, quoiqu'un peu manierés, & plus beaux que nature ; le dessein en est plus hardi que correct.

La Femme adultere, du *Tintoretto* : ce tableau n'est pas fort beau.

Un petit Saint Jean, du *Guide*, dont la tendresse de couleur, & les graces du dessein, sont dignes d'admiration.

Deux fort petits tableaux, du *Guercino*, représentant, l'un, une Judith, l'autre, un David, avec la tête de Goliath. Ces tableaux sont précieux, & il y a des beautés ; la maniere en est un peu molle, à force d'être moëlleuse.

Il y a encore quelques tableaux (demi-figures) qui ont des beautés, dont nous n'avons point sçu les auteurs : au reste il y a beaucoup de tableaux à qui l'on donne des noms fameux, quoiqu'ils ne valent pas grande chose.

L'archevêque a dans ses appartemens particuliers plufieurs tableaux de Jean-Paul *Panini*, fort beaux, & quelques tableaux de vues, d'un peintre Vénitien, nommé *Canaletti*. Ils font bien touchés, quoique la couleur en foit d'un gris noirâtre.

Bibliotheque Ambroisienne. On entre par la bibliotheque, qui eft une falle quarré-long, affez grande, mais qui n'a rien de particulier dans fa décoration. On paffe enfuite fous un petit portique, qui entoure une petite cour ; enfuite on parvient dans les falles de l'Académie de peinture & de fculpture. La falle de fculpture contient les plâtres de plufieurs antiques, & deux plâtres des figures dont *Michelange* a orné le tombeau de Médicis. Ces figures font de la plus grande maniere, mais la figure de femme eft un peu tortillée, & le tour en eft outré.

Dans la falle de peinture on voit entr'autres quelques têtes de Léonard *de Vinci*, & d'Albert *Durer*, qui ne font pas belles, & qui font peintes d'une maniere feche & fans goût.

Une d'un vieillard, que l'on dit de *Raphael*, qui eft beaucoup plus belle.

Un petit tableau d'une Vierge & l'Enfant Jefus, dans une bordure de fleurs : il paroît de *Rubens*. La Vierge & l'Enfant font d'une couleur fraîche & vigoureufe, digne de ce maître.

Un tableau que l'on dit du *Tiziano*, qui n'est pas fort beau.

Deux *Bassans*, qui font assez beaux.

Un tableau de quelques têtes, qui paroissent de Daniel *Crespi*: elles font d'un pinceau très-moëlleux, & d'une belle couleur.

Une tête de Vierge, de *Gayetano*, qui est d'une couleur claire, & d'une fraîcheur admirable. Elle est dessinée finement ; son caractere est plutôt d'être jolie que belle : cependant les demi-teintes font de couleurs entieres, & plus belles que nature; ce qui est un défaut.

Il y a quantité de tableaux d'anciens maîtres avant le bon temps de la peinture, qui font peu estimables: mais ce qui est de plus rare dans ce cabinet, c'est plus d'une vingtaine de tableaux des *Breughels*, qui font plus beaux que tout ce qu'on voit ordinairement de ces maîtres, entr'autres quatre tableaux du meilleur d'entr'eux, représentant les quatre élemens. Ces tableaux peuvent avoir environ deux pieds de largeur: quoiqu'ils ne soient pas composés de maniere à faire un grand effet, ils en font cependant plus qu'on ne lui en connoît d'ordinaire. Les figures en font incorrectes & manierées ; elles tiennent des tons de *Rubens* pour la couleur : le reste du tableau est dans un ton différent; ce qui semble faire un peu tache : mais l'exécution pour les détails en eſt merveilleuſe. Dans celui qui repréſente la terre, l'auteur a raſſemblé tous les animaux terreſtres, ainſi que dans celui de l'air tous les oiſeaux connus, & dans l'eau tous les poiſſons, ſoit de mer, ſoit de riviere. Pour le feu, l'auteur a repréſenté tout ce qui ſe fait avec cet élément, les inſtrumens de chymie, les armes de fer & d'acier, tous les vaſes qui ſe font de verre, &c. Toutes ces choſes ſont repréſentées ſi en petit, qu'on eſt étonné que le pinceau ait pu les exécuter : mais lorſqu'on les voit avec une loupe, l'étonnement redouble ; car les animaux ou autres choſes en ſont peints avec la plus grande vérité de couleur & de forme. Ils ſont deſſinés & touchés de la maniere la plus ſpirituelle, & paroiſſent du plus grand fini, même avec la loupe. Ces tableaux ſont véritablement dignes d'admiration pour l'exécution. Les autres tableaux de ces mêmes maîtres, qui ſont dans ce cabinet, ſont, pour la plûpart, également étonnans, & demandent à être regardés avec une loupe, pour en connoître tout le mérite.

On montre un livre de machines deſſinées par Léonard *de Vinci*. On y fait remarquer des bombes, par où l'on prétend faire croire qu'elles avoient été trouvées par lui dès ce temps-là ; mais
il eſt

il est aisé de voir qu'elles sont dessinées d'une autre main.

Le Seminaire des Clercs, fondé & bâti par Saint Charles. Sa cour est quarrée & décorée de deux portiques, l'un sur l'autre : le premier d'ordre Dorique, & le second Ionique. Les colonnes sont grouppées, & laissent neuf grands espaces ; celui du milieu est un peu plus grand que les autres, en rapprochant les colonnes grouppées : cette décoration est en général simple & noble. La porte d'entrée sur la rue est de grande maniere, quoiqu'il y ait deux figures finissant en gaîne, qui sont trop colossales, & qui ne font pas un bon effet.

Le College Helvétique, aussi fondé & bâti par Saint Charles. Ce sont deux cours environnées de deux portiques, l'un sur l'autre, à colonnes également espacées : on entre de l'une dans l'autre par un vestibule décoré de colonnes, & qui produit un beau percé. Les deux galeries des côtés des deux cours, n'en font qu'une seule fort longue & d'un grand effet. Cet édifice n'est pas entiérement fini. La porte d'entrée est de fort bon goût, & les chapiteaux Ioniques sont ingénieux. Ils sont composés d'un mascaron grotesque, des joues duquel partent deux aîles ou oreilles, qui produisent les volutes ; de sa bouche sortent de petites draperies, qui vont s'attacher fous les volutes : ils font modelés d'un goût fort mâle. Ces deux édifices font du même architecte.

Il paroît que le palais *Marini* eft du même auteur : on l'appelle *Pellegrino Pellegrini* (1). L'intérieur de la cour furtout eft décoré de fort bon goût ; les fculptures, repréfentant des cariathides en bas-relief, & terminées en gaîne, font mâles & ingénieufes. C'eft une chofe très-curieufe que cette cour ; on y voit comment un architecte ingénieux peut inventer des chofes nouvelles, fans fortir du bon goût de l'antique.

Le Coll3ge des Jésuites, nommé *Brera*. Ce bâtiment n'eft pas achevé. C'eft une double colonnade à arcades, l'une au deffus de l'autre, & un grand efcalier. Cette architecture fait un grand effet, & l'efcalier eft fort majeftueux.

L'Hôpital de Milan eft un très-grand bâtiment, & la grande cour en eft fort belle. C'eft un portique à colonnes, fur lefquelles les archivoltes des arcades portent : les deffous en font larges, & d'une belle proportion. Les falles de l'hôpital forment deux grandes croix.

On va voir auffi un édifice confidérable, non

____

(1) On n'eft pas certain d'avoir bien mis le nom de ce palais : mais c'eft un ouvrage digne de curiofité. Il faudra s'en informer dans la ville. Il n'eft pas éloigné du dôme.

par la beauté de sa décoration, mais à cause de sa grandeur : on l'appelle le Lazaret ou Hôpital des pestiférés. C'est une très-grande cour entourée de portiques à arcades portées sur de petites colonnes demi-gothiques, derriere lesquelles est une grande quantité de chambres pour les malades, qui n'ont point de communication l'un avec l'autre, & ont deux fenêtres opposées pour le changement de l'air. Ces portiques ont douze cens pieds de long, & la cour est à peu-près quarrée. Au milieu de la cour est une chapelle entourée d'un portique octogone, où l'on dit la messe, & les pestiférés peuvent l'entendre de loin, c'est-à-dire qu'ils voient tous l'officiant.

La Place des Marchands, dont un des côtés est décoré d'une belle architecture. Cette place est gâtée par une grande halle qu'on a bâtie dedans, qui la remplit presque entiérement.

Le Théatre. La salle en est fort grande, mais l'avant-scene en est fort triste, & la composition en est nue ; les pilastres qui séparent les loges, ne font que des piliers sans décoration, & seulement peints de quelques ornemens. La nudité de ce théâtre est un peu rachetée par la richesse intérieure des loges, qui font tapissées & éclairées en dedans. La loge royale est trop basse pour son ouverture. Les décorations peintes étoient assez médiocres ; quelques - unes cependant faifoient d'affez bons effets , & fortoient de l'uniformité de nos chaffis & de nos couliffes.

Il y a chez M. le marquis de *Peralta* deux galeries de tableaux. On y voit entr'autres les morceaux fuivans.

Cinq tableaux de *Stommer* , peintre Flamand , dit-on , mais élevé en Italie. Ces tableaux repréfentent des fujets de la paffion ou de l'évangile : ce font des effets de nuit, éclairés au flambeau (demifigures de grandeur naturelle). Ils font d'une maniere fiere & grande , mais d'une affez mauvaife couleur ; quelques - unes des têtes font de fort grand caractere : en général ce ne font pas des tableaux du premier ordre.

Un tableau dit d'Auguftin *Carracci* (figures prefque grandes comme nature), repréfentant , à ce qu'il paroît , le martyre de Saint Laurent : il eft très-bien deffiné & bien peint, quoique d'une couleur grife & fort noircie.

Un que l'on dit d'Annibal *Caracci* , affez beau, fort noirci, & d'une couleur noire & grife , repréfentant un fujet à peu-près femblable.

Plufieurs têtes de *Giordano* , Napolitain, dans la maniere de différens maîtres d'Italie : elles font fort belles , furtout une tête de Saint Grégoire , dans la maniere du *Guide*.

Une tête de l'*Espagnoletto*, & une de son maître, qui paroît supérieure.

Deux tableaux, chacun d'un enfant, l'un le
petit Jesus, l'autre le petit Saint Jean, fort
beaux.

Un tableau grand comme nature (demi-figures),
Saint Joseph, la Vierge & l'Enfant Jesus, d'une
très-belle couleur, vigoureuse & fraîche : on
ignore le nom de l'auteur.

Un tableau du *Bassano*, fort beau, représentant l'Enfant prodigue : on le voit dans le fond, qui
revient à son pere; & sur le devant, tous les apprêts
de la cuisine.

On montroit chez la même personne une Vénus
dormante avec des Amours, par *Solimeni*, qui
étoit d'une assez belle couleur, quoique sans beaucoup de variété de ton ; la maniere en paroissoit
différente de ses autres ouvrages, & assez semblat-
ble à celle de la Susanne de *Santeuil*, à l'Académie Royale de Peinture & Sculpture.

L'usage où l'on est à Milan d'orner les cours des
maisons un peu considérables de portiques à colonnes, a quelque chose de très-noble. Cependant
on y voit peu de morceaux d'architecture d'une
grande importance, si ce n'est ceux de *Pellegrino
Pellegrini*, dont il a été fait mention : mais ils
méritent une attention particuliere pour la beauté

de son génie, & les heureuses nouveautés qu'il a imaginées sans sortir du bon goût, chose infiniment difficile, & qui a été la perte de presque tous ceux qui l'ont tenté.

Les peintres particuliers à cette ville, ou dont on y voit un grand nombre d'ouvrages, sont Daniel *Crespi*, dit le *Cerano*, & les *Procaccini*. Jules César *Procaccino* est bien supérieur à l'autre, & Daniel *Crespi* au moins égal au meilleur. Quoique leur noms ne soient pas de la premiere célébrité, ils méritent cependant de l'estime. Si l'on peut reprocher au *Cerano* des incorrections de dessein intolérables, cela est racheté par un goût excellent, par une très-belle maniere de peindre, large & moëlleuse, enfin par une couleur forte, agréable & séduisante. Jules-César *Procaccino*, plus correct, paroît avoir moins de fierté dans son exécution : mais souvent son coloris est admirable, & semble prêt d'égaler celui de *Rubens* : d'ailleurs son pinceau est large & aimable. Cependant ces peintres ne sont pas autant connus qu'il semble qu'ils devroient l'être avec tant de talens, parce que, quoiqu'ils aient réuni plusieurs parties de la peinture, néanmoins ils n'en ont porté aucune au plus haut degré.

ISLES BORROMÉES.

C ES ifles, dont deux font affez confidérables ;
font dans une pofition délicieufe. Elles font fituées
dans le lac Majeur, qui peut avoir dix-fept à dix-
huit lieues de long, fur environ deux de large, &
même trois en quelques endroits. Elles jouiffent
de l'afpect d'une belle étendue de montagnes,
bien couvertes & ornées de forêts. En y allant, on
a la vue des Alpes ou du Mont-Saint-Bernard, qui
paroît au deffus des nuages. L'*Ifola Bella* eft
couverte de jardins : ils font en terraffes paliffées
d'orangers & de cedres, & décorées d'efpeces
d'obélifques. Il y a un joli bois de lauriers. Le
corps du bâtiment eft confidérable & affez beau en
général ; mais prefque tous les détails qui le décorent dedans & dehors, font de mauvais goût.
Quoiqu'il y ait une grande quantité de tableaux,
prefque tous ne font que des copies plus ou moins
mauvaifes de tableaux des bons maîtres. L'appartement du rez-de-chauffée, en grotte ruftique, eft mieux traité ; on a la vue des autres ifles
& des bords du lac, qui font un effet admirable.

D iv

L'Isola Madre. Les jardins en font traités dans un goût plus champêtre, mais fort agréable. La maifon eft peu de chofe.

La troifieme ifle n'eft que la métairie des autres. En retournant on apperçoit la ville d'Arona, qui a été bâtië en mémoire de Saint Charles, parce que c'eft le lieu où il eft né. Sur le penchant de la montagne on voit le coloffe de ce Saint : il eft de cuivre battu au marteau ; la tête & les mains font de bronze. Cette ftatue n'eft ni mauvaife, ni fort bonne : elle eft faite fur les deffeins du *Cerano*. Ce coloffe doit paffer cinquante pieds de haut, fans compter le piédeftal, qui eft fort élevé ; quatre perfonnes peuvent tenir dans l'intérieur de la tête. Le château d'Arona, fur une petite montagne, avec le fond du lac derriere, préfente une vue de payfage, fort belle à deffiner. En général tous ces environs font fort agréables.

P L A I S A N C E.

Dans la place, vis-à-vis la cathédrale, on voit deux ſtatues équeſtres, de bronze, faites par *Moca*, éleve de Jean de *Boulogne* : elles repréſentent deux Ducs de la maiſon *Farneſe*. Ces ſtatues ſont vêtues à la grecque, les épaules enveloppées d'un manteau voltigeant parderriere. Elles ſont drapées d'une maniere pleine de feu, & de très-grand goût. Il y a beaucoup de choſes en l'air & volantes, mais elles ſont heureuſement traitées. Les têtes ſont belles. Ces figures ſont d'un caractere muſclé & court; les chevaux ſont modelés d'une maniere large & reſſentie, mais ils ne ſont pas d'un beau choix. La figure à droite a la main droite élevée, tenant le bâton de commandement, & le bout de la bride; la gauche à la hauteur des mammelles, dirigeant la bride. Les deux jambes levées du cheval préſentent un aſpect peu agréable, en ce que les ſabots n'en ſont point retrouſſés en arriere : ſurtout celle de derriere eſt exceſſivement roide. La ſtatue qui eſt à gauche, eſt dans une attitude plus guerriere; le cheval eſt dans un mouvement plus gracieux & fort animé ; il y a trop de crins sur le col du cheval ; ils cachent toute la figure, lorsqu'on la voit de face. Les piédestaux sont excessivement trop petits. Les petits enfans qui décorent le piédestal, sont modelés avec goût, mais trop manierés & un peu tortillés. Ceux qui portent les cartouches sont ingénieusement grouppés. Ceux d'en bas sont plus froids & trop isolés du piédestal. Les bas-reliefs ne paroissent pas de la même main ; ils sont drapés dans le goût antique, & d'un relief peu saillant : mais ils sont d'une maniere seche ; & par une mauvaise invention, les grouppes du devant sont entiérement détachés de ceux qui leur font fond, & étant coupés plats & minces, laissent un espace vuide entr'eux & le reste. Ces découpures font un mauvais effet, vues de côté, & d'ailleurs produisent des noirs trop durs dans le bas-relief.

Au dôme ou cathédrale, le tableau à huile du fond du chœur paroît beau ; mais il est extrêmement noirci, & l'on n'y découvre guere que quelques parties des figures du devant : le reste ne se voit que confusément. Il représente un Malade dans un lit, & est de Camille *Procaccino*. La portion de voûte à fresque, qui est au dessus, est, dit-on, du même auteur : elle est peinte d'une maniere seche.

'Aux deux côtés du sanctuaire on voit deux tableaux en hauteur, à huile. Celui qui est à droite représente une Sainte morte, portée par plusieurs hommes, & une grouppe de cinq anges volant au dessus. Celui à gauche paroît représenter plusieurs personnes qui recueillent les linges & autres reliques qui ont touché au corps de cette Sainte, qui est dans un tombeau, & qu'on ne voit point. Au dessus de ces tableaux sont deux autres tableaux en largeur, en forme de frise, représentant chacun un Prophete ou Vieillard, vu très en raccourci. La partie ceintrée de la voûte qui est au dessus, est peinte à fresque, & représente plusieurs Anges vus en raccourci sur un fond bleu: toutes ces peintures sont de Louis *Caracci.* Les tableaux sont de grandes figures doubles du naturel, du meilleur goût, dessinés d'une maniere très-grande, ressentie & chargée. La composition en est très-belle; les figures sont très-grandes dans le tableau; le grouppe d'anges surtout est admirable; ils se jettent tous du même côté, & cependant avec la plus ingénieuse variété. Les têtes qu'on voit dans ces tableaux sont très-bien coëffées; elles sont toutes du plus grand & du plus beau caractere. Les draperies enveloppent bien les figures, & sont à grands plis; la touche en est large, & avec une forte d'incertitude, qui y fait un bon effet; il s'y trouve des incorrections de deffein peu fupportables. Les pieds de prefque toutes ces figures ont les doigts confidérablement trop grands; ils tiennent prefque tout le pied, & les bouts des pieds deviennent trop larges par la néceffité de donner place à ces doigs trop gros. Les jambes font un peu tortillées & chargées avec excès. L'autre tableau a les mêmes beautés, & à peu-près les mêmes défauts.

Les vieillards dans la frife font d'un raccourci admirable, & de la plus grande hardieffe, bien deffinés & de grand caractere. Les draperies en font bien peintes, & les plis bien jettés & bien formés. Ces tableaux font d'une couleur fourde, vigoureufe & affez belle. Le plafond à frefque n'eft pas d'une fi belle couleur; il eft d'un gris un peu couleur de brique; & quoiqu'il y ait de très-belles chofes d'un beau raccourci, & bien entendu, il y a cependant des incorrections confidérables, & des contours chargés avec excès.

Dans une chapelle à gauche, on voit un tableau repréfentant Saint Martin, donnant une partie de fon manteau à un pauvre : on le dit d'Auguftin *Caracci*. Ce tableau ne préfente pas de grandes beautés, & d'ailleurs il eft fort noirci.

La coupole à frefque eft divifée en huit parties, dans chacune defquelles on voit repréfenté un

Prophete accompagné d'Anges. Au deſſous de ces tableaux on en voit de plus petits, en forme de friſe, repréſentant des Enfans ; & au deſſous encore, des Sybilles & des ſujets du nouveau Teſtament, qui paroiſſent de la même main : le tout eſt du *Guercino*, & de la plus grande beauté, ſurtout les Prophetes & les Enfans. Ils ſont parfaitement bien compoſés de plafond. Le caractere de deſſein en eſt ſi fier & ſi juſte, & la couleur ſi belle & ſi vigoureuſe, qu'il ſemble que *Jouvenet* & *la Foſſe* aient tous deux appris de ce maître la partie dans laquelle chacun d'eux a excellé, & que ce peintre les ait raſſemblées toutes deux au plus haut degré. La couleur de ces freſques a tant de force, qu'elles paroiſſent être peintes à huile, & les chairs des enfans, qui ſont tendres, ont les demi-teintes les plus fraîches : les ombres ſont fortement ſéparées des lumieres. Ces morceaux ſont dignes d'admiration. Les autres peintures à freſque, qui ſont au bas de cette coupole, dont les pannaches ſont de *Moroſini*, & le reſte de *Francefchini*, ſont très-foibles.

Dans une chapelle à gauche de la nef, eſt un tableau de *Lanfranco*, repréſentant un Saint Hermite, tenant une tête de mort, & une Gloire de petits Anges en haut. La tête du Saint manque de deſſus de tête, & n'eſt pas parfaitement enfemble. La figure eft bien drapée ; les mains font belles ; le tout d'une couleur fort bonne , furtout les Anges de la gloire, où elle eft tendre , claire & extrêmement aimable ; les têtes font très-gracieufes.

Dans l'églife de Saint Sixte, on voyoit (1) un tableau de *Raphaël*, repréfentant une Vierge qui tient un Enfant Jefus dans fes bras ; à fes pieds , à droite, une Sainte agenouillée ; de l'autre côté un Pape, à genoux aufli , en chappe , fa thiarre à fes pieds ; en bas deux petits Anges appuyés fur les bords du tableau. La Vierge eft dans une attitude fimple & noble , bien drapée, ainfi que les deux autres figures. Les têtes font admirables , furtout les deux de femme, qui font de la plus grande beauté. Les mains du Pape font d'un très-grand deffein , & la tête belle , quoiqu'elle ne paroiffe pas d'un grand caractere : il y a apparence que c'eft un portrait. La tête de la Vierge eft d'une couleur belle & fraîche. L'Enfant Jefus & les autres enfans , quoique bien deffinés , n'ont pas les graces enfantines. Les nuages font bien traités , & d'un gris clair, tels que les véritables nuages du ciel. Le fond qui eft derriere la Vierge , eft trop blanc , & détruit l'effet de la figure.

____

(1) Ce tableau , à ce que l'on affure , a été acheté par le Roi de Pologne , en 1754.

L'églife de Saint Augustin, bâtie par *Vignola*, eft fort belle. Elle a cinq nefs.

La Madona di Campagna. Belle églife. En entrant à gauche, on voit un tableau de *Parme-giano*, à frefque, qui, quoique gâté, conferve encore de beaux reftes. Le deffein en eft de grande maniere, & les caracteres de têtes font beaux ; la couleur eft foible & tirant fur le rouge. Prefque toute cette églife eft couverte de peintures, & la plus grande partie font du *Pordenone:* mais excepté une certaine grandeur de maniere, & en général de bonnes formes, on ne trouve rien dans ces ouvrages de fort beau. On difoit qu'il y avoit dans cette églife des frefques de Paul *Véronefe*, mais elles ne paroiffent ni dignes de ce grand maî-tre, ni abfolument dans fa maniere ; car ces pein-tures, en général, en tiennent un peu.

L'églife de Saint Jean. Il y a à un tombeau deux petits enfans en marbre, qui font fort beaux, & d'une belle correction de deffein. L'un des deux pleure, & le fait très-noblement.

Le Palais Ducal, bâti par *Vignola*, mais dont il n'y a que le bâtiment de brique qui foit fait. Le grand appartement du rez-de-chauffée eft décoré très-ingénieufement, & du meilleur goût. Les petits enfans de ftuc font bien corrects, & modelés avec grace, auffi bien que les orneniens. On les croit de l'*Algardi*. C'est un exemple à imiter pour le bon goût de la décoration des dedans.

⸻⸻

PARME.

A LA CATHÉDRALE, on voit la fameuse Coupole du *Corregio*, repréfentant l'Affomption de la Vierge. Ce plafond eft fort connu par les gravures qu'on en a faites : la chaleur de l'imagination, & la hardieffe des raccourcis, y font portées au plus haut point. Il y a de grandes incorrections de deffein : mais il eft de la maniere la plus large & la plus grande. Il eft extrêmement gâté, & il ne refte prefque plus rien aux pannaches. La couleur des chairs eft trop rouge.

On voit dans une chambre appartenant à cette même églife, un tableau du *Corregio*, fort connu, qui eft un des plus beaux qui foient fortis de la main de ce maître. Il repréfente la Vierge & l'Enfant Jefus ; la Magdeleine lui baifant les pieds, & Saint Jérôme debout. Ce tableau eft d'une grande beauté pour la couleur ; la tête de la Magdeleine eft un chef-d'œuvre pour la fraîcheur & la beauté des tons. Les têtes & les parties font deffinées avec des graces inexprimables , quoique

quelquefois

quelquefois d'un deſſein peu correct. Le pinceau
en eſt large & nourri de couleur ; le *faire* eſt de
la plus admirable facilité, & les choſes les plus
délicates s'y trouvent rendues comme par hazard.
La tête de Vierge eſt belle ; elle a cependant les
ombres un peu noires. Le petit Jeſus eſt plein
de graces, quoique peu noble. En général ce
tableau eſt un des plus beaux & des plus eſtimés
qu'il y ait en Italie ; & la tête de la Magdeleine
eſt le chef-d'œuvre du *Corregio*, pour la couleur
& le pinceau.

Les bandeaux des petites coupoles des côtés de
cette égliſe, ſont dits auſſi du *Corregio*, & ſont
très-beaux.

Au baptiſtere de cette cathédrale on voit un tableau repréſentant Saint Maurice, aſſez beau, &
beaucoup dans la maniere de *Vouet*.

Egliſe de SAINT JEAN. Une coupole du *Corregio* ; Jeſus en l'air dans les lymbes, & les Saints
de l'ancien Teſtament : c'eſt un très-beau morceau, mais il eſt mal éclairé, & on le voit diffi-
cilement. Les figures en ſont coloſſales. Il ſeroit
difficile d'en donner de bonnes raiſons.

Les arcs doubleaux des deux premieres chapelles du *Parmegianino*, ſont d'une couleur très-
vigoureuſe, & d'une compoſition hardie & gran-

de, peints de très-bon goût, & d'une grande facilité. Ce font de fort beaux morceaux.

L'arc doubleau de la fixieme chapelle eft du même, quoique moindre : les têtes font moins belles. Les deux arcs des bas côtés du chœur font auffi de lui.

Dans la cinquieme chapelle à gauche, on voit deux tableaux du *Corregio* : l'un eft un Chrift mort, la Vierge mourante & la Magdeleine ; l'autre repréfente le martyre d'un Moine, à qui l'on va trancher la tête. Ces tableaux font très-beaux : cependant ils font moins vigoureux de couleur que celui dont on vient de parler.

L'églife du SAINT SÉPULCHRE. On y voit un tableau du *Corregio* : Saint Jofeph cueillant des palmes, la Vierge & l'Enfant Jefus. Il y a dans ce tableau des chofes admirables : mais il n'eft pas d'une couleur bien forte, & toujours très-incorrect de deffein. Ce morceau eft mafqué par un mauvais tableau, qui repréfente Saint Jofeph. Il faut demander à le voir. Il eft à la premiere chapelle à gauche.

SAINT VITAL. Un tableau du *Ricci*, repréfentant un Pape à genoux, une Vierge en haut, dont les prieres délivrent plufieurs ames du purgatoire. Ce tableau eft d'une couleur extrêmement

agréable ; mais il eſt mal compoſé, & les figures
ſont trop diſperſées.

A l'égliſe des CARMES. Un tableau au premier
autel, à droite : c'eſt une Sainte Famille ; la Vierge
paroît donner l'Enfant à Saint Joſeph. Les têtes
ſont belles , & il eſt de bonne couleur.

S. ALEXANDRE , premiere chapelle à gauche.
Un Martyr à qui l'on coupe la tête ; un Procon-
ful dans le fond. Ce tableau eſt de bonne couleur,
& d'un *faire* aſſez ferme & reſſenti : il eſt extrêmement noirci & difficile à voir.

Il y a à Parme un THÉATRE très-grand, & même
qui l'eſt trop pour les ſpectacles ordinaires : mais
la penſée en eſt fort belle. Il eſt en demi-ovale ,
toute la partie d'en bas eſt en gradins à l'antique,
juſqu'à peu-près la hauteur de nos ſecondes loges.
Il n'y a qu'un rang de loges , & ce rang eſt une
galerie ornée de colonnes ſimples , à diſtances
égales , qui ſoutiennent des arcs : elle eſt couronnée d'une corniche d'architecture. Au deſſus
eſt un paradis à pluſieurs rangs de bancs : c'eſt le
ſeul théâtre moderne que l'on voie en Italie, ſi
l'on en excepte celui de *Palladio* , qui ſoit vraiment décoré d'architecture. Tous les autres ne
ſont qu'un compoſé de loges égales à ſix rangs
l'un ſur l'autre, qui ne mérite pas le nom d'architecture : communément on n'y voit d'autre

ornement que les piliers qui portent ces loges, &
qui ne sont pas susceptibles d'une décoration noble. Ce théâtre a le défaut que pour ne point
prendre trop de place pour les gradins, on leur a
donné à chacun trop peu d'enfoncement : il y a
une apparence de danger de tomber en descendant de l'un à l'autre.

_ Cette forme ovale est sans doute la plus belle
pour un théâtre, en supposant, à cause de nos
usages, l'impossibilité d'employer le demi-cercle
parfait, comme ont fait les Anciens. Ce grand
théâtre, avec ses gradins, doit présenter un coup
d'œil magnifique, lorsqu'il est rempli de spectateurs.

Il y en a un petit pour l'usage ordinaire, qui
n'a rien de singulier, & qui est à la Françoise.

Le Palais n'est point fini, mais la cour est
d'une assez belle architecture, & a de la ma-
jesté.

Ce qui, à Parme, est le plus digne de l'attention des amateurs & des artistes, c'est sans
doute le nombre d'ouvrages du *Corregio*, qu'on y
voit encore. Ce peintre sera toujours merveilleux,
lorsque l'on considérera que cette grandeur de
maniere, & le point de perfection où il a porté
le coloris, ne lui ont point été enseignés, & qu'il
en est proprement l'inventeur. La nature seule l'a

guidé, & sa belle imagination a sçu y découvrir ce qu'elle a de plus séducteur. Ses ouvrages
font souvent remplis des plus grossieres incorrections ; & cependant on ne peut résister à leur
attrait, tant il est vrai, quoique bien des auteurs
aient voulu en écrire, que *les graces de la nature*,
considérées par le côté de la couleur, soutenu
d'un pinceau large & d'un beau *faire*, équivalent
à ce que peut produire de plus beau la correction
d'un dessein châtié, qui souvent les exclut. Le
Corregio, malgré ses défauts, sera toujours mis,
par cette seule partie, en parallele avec *Raphael*
& avec les plus grands peintres qu'il y ait eu. Il est
vrai cependant que ce n'est que par ses plus
beaux ouvrages. Si l'on fait réflexion que cet
admirable peintre n'a eu pour maître que la
seule nature, on a peine à se refuser de penser
que seule elle peut montrer à chacun la véritable
route qu'il lui convient de suivre, & qu'on perd
trop de temps à chercher celle des autres. Personne n'a traité les raccourcis des plafonds avec
plus de hardiesse. Il est vrai qu'il y a quelques
figures où il est excessif & de mauvais choix,
mais c'est en petit nombre, & les autres font de
la plus grande beauté. En général il aimoit à
faire, dans les plafonds, les figures colossales.
Il seroit difficile de donner de bonnes raisons

pour établir que les figures duffent paroître plus grandes que le naturel, furtout dans un morceau où s'affujettiffant aux raccourcis, on paroit prétendre à faire illufion. Plufieurs peintres l'ont fuivi en cela, fans peut-être avoir d'autres raifons, finon que le *Corregio* l'avoit fait : mais fuppofé que cela faffe bien au plafond de la cathédrale, ce que l'on pourroit nier, on ne peut fe diffimuler le mauvais effet que cela fait au plafond de l'églife de Saint Jean, dont la coupole, quoiqu'affez grande, paroît néanmoins fort petite, à caufe des coloffes monftrueux qui y font, & qui ne laiffent de place que pour un très-petit nombre de figures. C'eft fans doute la plus belle maniere de compofer que celle qui n'emploie que peu de figures, & grandes dans le tableau : mais cependant cela a des bornes, & il y a un milieu à tenir pour ne pas détruire l'illufion.

C O L O R N O.

Maison de plaisance des Ducs de Parme. Il y a dans le jardin quelques endroits assez beaux, quoique nullement comparables aux jardins de France. Ses plus agréables ornemens font un berceau d'orangers, & une grotte assez belle. On pourroit faire de ce jardin quelque chose de bon. Nous y vîmes alors deux colosses antiques, de pierre de *Parangon*, de la proportion de onze à douze pieds : ils étoient fort mutilés. Le plus entier, qui représente, dit-on, Néron sous le caractere d'Hercule, est traité d'assez grande maniere, mais fort incorrect de dessein, lourd & d'une nature basse & chargée, les pieds gros. L'autre est un Bacchus embrassé par un Satyre. Le Satyre est d'une proportion beaucoup trop petite pour le Bacchus. La figure de Bacchus est belle & de grand caractere : c'est un jeune homme. Il n'y a guere que le tronçon d'antique. On voit encore dans ce même lieu quelques tronçons antiques, comme des mammelles, & une portion de draperie traitée d'une maniere moëlleuse.

E ix

PALAZZO GIARDINO.

Autre Maison de plaisance. On y voit une chambre peinte, commencée, à ce qu'enseigne une inscription qui y est, par le *Caracci*, & achevée par le *Cignani* : quoique ce soient deux grands maîtres, ce ne font pas des morceaux supérieurs. Il y a quelques figures ou enfans de grisaille, qui paroissent être entiérement du *Cignani* : ils font beaux & bien largement peints.

R E G I O.

L E DÔME ou Cathédrale. Un grand tableau au fond du chœur, d'Annibal *Caracci*. On y voit une Vierge & l'Enfant Jefus fur des nuages, des Anges, & en bas, à gauche, un Saint agenouillé, le corps & les jambes nues ; à droite, une Sainte vue en raccourci, le corps venant au fpeétateur. Ce tableau eft admirable pour la beauté du deffein, le beau choix des attitudes, & la belle maniere de draper ; il eft même d'une très-bonne couleur : c'eft un morceau d'une grande beauté, mais fort noirci & très-mal en jour.

Dans une chapelle à gauche, trois tableaux fort beaux : 1°. un Martyr ; 2°. une Vierge, avec un Saint Jérôme & un Evêque ; 3°. une Vifitation: ce dernier eft le moins beau.

Il y a encore, dans cette églife, quelques tableaux de mérite.

S. PROSPER. La plûpart des peintures à frefque, qui font dans cette églife, font de *Terrini*. Ce peintre eft de grande maniere. Il y a de belles têtes, mais point de grandes maffes, ni d'ombre, ni de lumiere.

Il y a quelques autres tableaux assez beaux, dont j'ai ignoré les auteurs.

LA MADONA DELLA GIARRA. A gauche, on voit un grand tableau d'autel, du *Guercino.* C'est un Christ en croix, aux pieds duquel est une Vierge accablée de douleur, & soutenue par deux saintes femmes, dont l'une paroît être la Magdeleine; à gauche est un Evêque. Toute la force & la fierté de ce peintre est déployée dans ce morceau. L'expression de la tête du Christ est pathétique, & le caractere en est admirable; la tête d'un Ange sur un nuage à côté de la branche droite de la croix, est de la plus belle forme & de la plus belle couleur; le Christ, en général, est de la plus grande beauté. Ce tableau est extrêmement noirci; la partie d'en haut est ce qu'il y a de mieux conservé. Le bas est tout gersé, mais on voit qu'il est digne d'admiration par les têtes & quelques autres parties que l'on découvre encore bien.

A côté de cette chapelle, c'est-à-dire la premiere à gauche, en entrant dans l'église, on voit un tableau de *Leonel Spada* : il est fort beau, d'une couleur claire & gracieuse. Il y a des parties de draperies qui sont du plus beau *faire*. Au reste il fait peu d'effet, par le défaut de grandes parties d'ombres.

A la premiere chapelle à droite de l'église, est un tableau de *Terrini*, à huile, fort beau & d'une très-belle maniere. Il représente une Vierge sur des nuages, qui a remis l'Enfant Jesus entre les mains d'un Moine qui l'embrasse : ce tableau est fort noirci.

Il y a aussi dans cette église plusieurs fresques du même *Terrini*, où l'on voit de fort belles parties, & une force de couleur singuliere pour la fresque, quoique faisant peu d'effet par le défaut de grandes masses & d'intelligence de clair obscur.

LA CAPELLA DELLA MORTE. On y voit plusieurs tableaux représentant diverses actions de la vie de Jesus-Christ : quelques-uns paroissent sortis de l'école des *Caraches*, surtout ceux à la droite de l'église, qui sont dessinés de grand caractere. On fait remarquer le premier à droite, au dessus du sépulchre, qui n'est cependant pas fort beau. On fait regarder aussi celui du fond du sanctuaire, qui n'a rien de beau, ni pour la couleur, ni pour le dessein. Mais dans cette même église il y a au dessus de l'arc, qui fait l'ouverture du sanctuaire, une Annonciation du *Guercino*, qui est bien digne de ce grand peintre, & qui est admirable, soit pour la force de la couleur, soit pour le caractere du dessein.

On montre encore dans la sacristie des AUGUS-

TINIENS (l'églife mérite d'être vue), deux très-petits tableaux, qui peuvent être de quelque bon maître, & qui ont quelque chofe de bon dans le ton & dans le *faire*, mais dont les têtes ne font pas belles, & qui méritent peu la curiofité.

Quelques auteurs ont noté un méchant petit bas-relief antique, qui eft au coin d'une rue, & qui repréfente, à ce que l'on dit, *Brennus* : mais cela ne vaut pas la peine d'être vu.

LE THÉATRE de *Regio* eft à la Françoife pour fon plan, qui eft un quarré long, arrondi dans le fond. Il en diffère cependant en ce que toutes les loges montent fucceffivement de cinq pouces en allant vers le fond, & pareillement faillent de cinq pouces, la fuivante plus que la précédente jufqu'au fond. La commodité qui en réfulte eft peu importante, & cela eft fort défagréable à l'œil L'ouverture du *profcenium* eft de trente pieds.

M O D E N E.

Le Palais du Duc de Modene préſente un aſpect noble & grand. Le premier ordre & la porte ſont agréables, quoiqu'avec des colonnes nichées : mauvaiſe invention, fort uſitée en Italie. On eſt choqué auſſi de voir qu'y ayant trois ordres l'un ſur l'autre, celui d'en haut eſt plus grand que les autres.

La cour eſt fort belle ; elle eſt décorée de deux portiques l'un ſur l'autre. Les arcades portées par un petit ordre, occaſionnent un déſagrément; la corniche du pilaſtre du plus grand ordre qui eſt entre deux, n'a pu être continuée. L'eſcalier eſt du même genre de décoration, & a beaucoup de nobleſſe & de beauté. Les baſes, ni les chapiteaux des colonnes ne rampent point, quoique les piédeſtaux rampent. Autre inconvénient : les arcs portés par les colonnes, laiſſent voir dans le vuide de l'eſcalier, au deſſus des colonnes, de grandes parties peſantes & ſans décoration.

La galerie ou appartement du Prince, quoique privée des morceaux les plus eſtimés, tels que la nuit du *Corregio*, un grand Paul *Veroneſe*, &

autres, contient encore quelques tableaux fort beaux.

On y voit un Saint François priant avec ferveur, de *Guido Reni.* Il y a dans ce tableau, qui est en général fort beau, des enfans dont les chairs font très-claires, & d'une couleur charmante. La tête du Saint n'est pas de la plus grande beauté ; il femble qu'il y ait un peu de fécherefse, & que le caractere n'en foit pas grand : il y a cependant beaucoup d'expreffion.

Vis-à-vis est un tableau repréfentant un Chrift mort ; la Vierge, dans la douleur, lui prend la main. On le dit du *Guide*, mais il n'y a guere d'apparence : il est d'une couleur & d'un caractere de deffein tout-à-fait différent. La tête de Vierge est belle, & la douleur y est bien exprimée. Le Chrift est bien deffiné, cependant peu articulé. Les ombres du corps, qui est fuppofé mort, font d'un jaune orangé, faux & mauvais : c'est cependant un bon tableau.

Deux beaux portraits, quoiqu'ils ne foient pas abfolument du premier ordre : on les dit du *Tiziano.*

Un petit tableau (demi-figures de grandeur naturelle) repréfentant une vieille qui panfe un jeune homme évanoui & bleffé de coups de fleches, de *M. A. da Caravagio.* Il paroît que c'est un Saint Sébaftien. La tête du jeune homme eft parfaitement bien peinte, & la couleur en eft bonne; les ombres en font fort noircies; la tête de vieille n'eft pas d'un beau choix: d'ailleurs c'eft un tableau piquant.

Quatre tableaux ovales, d'Annibal *Caracci*, repréfentant les quatre élémens, chacun par une figure raccourcie, deftinés apparemment pour des plafonds. Ces raccourcis font admirables & deffinés de grand caractere. La couleur en eft affez bonne & vigoureufe: on ne peut cependant affurer qu'ils foient tous originaux, le *faire* ne paroiffant pas partout d'une égale facilité, furtout dans le Pluton: ce font néanmoins de fort beaux tableaux.

Un tableau du *Tiziano*, repréfentant la femme adultere (demi-figures de grandeur naturelle). Il y a vingt-deux têtes, toutes belles, & dont la plus grande partie eft digne d'admiration pour la beauté du caractere, l'expreffion & la couleur. Le corps de la femme adultere, qui eft à demi-nue, paroît avoir un peu jauni par le temps; les draperies font un peu rondes, & les plis ne femblent pas affez rompus.

Un tableau (il paroît être auffi du *Tiziano*), qui repréfente la Vierge, l'Enfant Jefus & un homme qui tient une épée (demi-figures de grandeur na-

naturelle). La couleur a plus de force , mais auſſi eſt-elle , ſuivant ce qu'il paroît , un peu plus maniérée. Ce tableau eſt cependant d'une grande beauté.

Un autre tableau dit pareillement du *Tiziano* ; repréſentant une Sainte Famille (figures entieres , tiers de nature). Quoiqu'il y ait des beautés , il ne paroît point comparable aux deux autres.

Une Vierge & pluſieurs Saints (grandeur preſque naturelle), du *Tintoretto*. Ce tableau eſt d'une incorrection difficile à ſupporter ; la couleur en eſt aſſez bonne. Les têtes ne ſont point belles , & n'ont point de fineſſe de deſſein : le caractere du deſſein n'en eſt pas grand.

Il y a dans une des chambres quatre petits plafonds du même *Tintoretto* , qui ſont plus beaux , & dont la couleur eſt plus vigoureuſe.

Deux eſquiſſes du même , bien broſſées , compoſées avec beaucoup de feu , mais avec trop d'extravagance.

Un Samaritain du *Baſſano*, fort beau , mais où l'on trouve le défaut ordinaire à ce maître, de traiter ſes ſujets avec trop peu de nobleſſe , & de vêtir ſes figures comme des payſans.

Six tableaux , grouppes de têtes , dans des bordures loſanges , de *Doggi de Ferrare*. Ils ſont d'une

maniere

maniere grande & facile, mais d'un pinceau &
d'un deſſein trop indécis.

On voit auſſi deux demi-figures, qu'on dit du
Guercino : mais ces tableaux ſont ſi gâtés, ſurtout
les têtes, qu'on n'y voit plus rien.

La Cathédrale, édifice gothique, aſſez ancien. On y voit un tableau de *Guido Reni*, dans
la premiere chapelle à droite. Il repréſente
Saint Simeon tenant l'Enfant Jeſus dans ſes bras ;
la Vierge à genoux, dans une attitude reſpectueu-
ſe ; de jeunes enfans tiennent les préſens de co-
lombes ; Saint Joſeph & pluſieurs autres figures.
Ce tableau eſt d'une couleur griſe, mais d'une
correction & d'une fineſſe de deſſein admirables ;
les têtes en ſont d'une grande beauté. Il y a dans
la tête de la Vierge une nobleſſe ſimple, & dans
celles des jeunes enfans des naïvetés admirables ,
ſoit pour la façon de les coëffer, ſoit pour leur
attitude , ſoit enfin pour la vérité & la juſteſſe des
contours. La couleur , quoique griſe & foible , a
cependant des tons gracieux , & des vérités aimables ; les draperies ſont parfaitement bélles , peintes d'une maniere méplate, d'un beau choix , & les
plis bien formés. C'eſt un morceau digne d'admiration, & qui doit être conſidéré avec attention.

L'Eglise Neuve, près du dôme. Au ſecond
Tome I, Part. I. F

autel , à gauche , on voit un tableau d'un Evêque qui demande à l'enfant Jeſus & à la Sainte Vierge la guériſon de quantité de malades qui ſont en bas. Ce tableau a des beautés de détail , des têtes & des draperies bien exécutées , chacune en particulier : mais l'effet total en eſt mauvais , chaque choſe ayant ſon ombre & ſa lumiere iſolée , ſans que ni les unes , ni les autres ſe grouppent ; ce qui produit une quantité de trous noirs & blancs.

S. VICENSE. Un tableau d'une Vierge ſur des nuages , qui fait lire à un Evêque un papier que tient un jeune homme. Ce tableau eſt de très-bonne maniere , & bien compoſé ; les têtes ſont belles , bien ajuſtées ; la maniere en eſt ferme & tranchée en homme ſûr de ce qu'il fait. Les ombres ſont un peu noires , & le tableau tire un peu ſur le roux .

L'Egliſe des CARMES, près la porte de Bologne. On y voit une coupole & la voûte du ſanctuaire à freſque , très-bien compoſées , quant à l'ordonnance , l'agencement des grouppes , & les attitudes des figures. La couleur eſt aſſez bonne , quoique ſans aucune fineſſe de ton ; le deſſein eſt péu ſçavant & très-incorrect.

On voit à *Modene* un THÉATRE , où il y a des gradins en amphithéâtre : il eſt décoré de colonnes qui paſſent dans quelques loges, & ſoûtiennent

les autres. Le *proscenium* , les tribunes & les portes qui l'avoisinent , sont fort bien décorés. Il y a
encore un autre théâtre dans cette ville : mais il
n'a rien qui le rende recommandable.

SASSOLO , maison de plaisance du Duc de Modene , à quatre lieues. Le chemin & les environs
sont agréables ; on traverse un bois de genevriers,
& l'on passe par des routes percées à perte de vue.
La cour a été peinte par *Bibiena* , & étoit assez
bien décorée : mais cela est presque entiérement
effacé. La plus grande partie des appartemens est
décorée de fresques peintes par *Boulanger* , peintre
apparemment François , à en juger par son nom,
qui a passé la plus grande partie de sa vie, & est
mort à Modene. Ce peintre est ingénieux, & de la
plus grande facilité ; sa touche est large : la maniere
en est un peu petite ; sa couleur est gracieuse,
quoiqu'il n'y ait pas grande variété de tons. Il a
surtout réussi dans les tableaux où les figures
sont petites ; la touche y est très-spirituelle ; &
dans les choses qui sont bien conservées, il ne
manque pas de vigueur.

Dans un de ces appartemens , on voit deux tableaux de paysage, & un représentant la construction des vaisseaux , peints à huile par *Salvator
Rosa*. Ils sont de la plus grande beauté, & du
faire le plus facile ; la couleur est vraie, d'un

grand effet : ils font d'une touche large, de beau choix, & très-bien confervés.

Il y en a quatre autres dans la même chambre, qui ne font pas fort beaux. Les trois meilleurs font les vaiffeaux fur la cheminée, & les deux fur le mur qui y fait face.

Dans une chambre à côté, on voit un plafond, où il y a plufieurs petits fujets ayant rapport à l'eau, comme un Narciffe & autres, auffi de *Salvator Rofa :* ce font de très-beaux morceaux. Les deffus de portes de cette chambre paroiffent auffi de la même main.

Dans le même château on trouve une grotte ruftique, au bout d'un petit canal, dont les bords font auffi décorés de niches ou petites grottes ruf-tiques, qui font un effet très-pittorefque ; un jardin à orangers, dont le haut des murs, dans l'été, eft orné d'orangers ; ce qui doit produire un effet fort agréable. Le haut de ces murailles eft auffi décoré d'ornemens de pierres, comme vafes & boules, portés fur des piédeftaux contournés, dont la trop grande répétition fait un mauvais effet.

R A V E N N E.

L E Dôme. Dans la croisée à droite, à la chapelle Aldobrandine, on voit un tableau du *Guido*, repréſentant Moïſe qui fait tomber la manne. Ce tableau eſt fort gâté par le temps, & toutes les ombres en ont pouſſé au noir; ce qui en détruit l'effet. Il eſt d'une couleur beaucoup moins griſe & plus vigoureuſe que celui de Modene : mais il n'eſt pas ſi fin de deſſein. La tête de Moïſe eſt d'un beau caractere, & admirablement bien peinte. La plûpart des têtes ſont très-belles. Les draperies de ce tableau ſont d'un beau choix de plis, & peintes d'une maniere nette & méplate. Deux petits Anges pleins de graces ſont en haut. Sur le devant eſt une figure d'homme qui ramaſſe de la manne, dans le goût & le ton des travaux d'Hercule, qui ſont chez le Roi. Elle n'eſt pas cependant deſſinée d'un grand caractere.

S. VITAL, égliſe très - ancienne, bâtie ſous Juſtinien. On y voit quelques marbres rares. Il n'y a rien de fort curieux pour le goût, ſi ce n'eſt quelques moſaïques de ces temps-là, fort mauvaiſes. L'égliſe eſt cependant d'un plan ſingulier,

& paroît avoir donné l'idée de celle de *S. Laurent*
à Milan.

Dans la facriftie on voit un tableau du *Barocci* :
il repréfente Saint Vital qu'on lapide. Ce tableau
eft fort beau ; il eft prefque effacé , foit par le
temps, foit qu'on l'ait gâté en voulant le nettoyer.
Il y a d'affez belles têtes , & des raccourcis fort
bien deffinés. La couleur en eft agréable , fraîche
& claire : mais elle n'eft ni bien vraie , ni empâ-
tée. Les demi-teintes tirent fur le bleu & fur le
rouge un peu orangé. On voit fur le devant une
femme qui donne à tetter à fon enfant, épifode
froid & déplacé dans un pareil fujet. La compofition des figures eft confufe & mal difpofée pour
faire un grand effet.

On voit auffi une chapelle , où font des fépulchres de marbre, en forme de caiffe. On y fait
remarquer entr'autres celui de Placidie.

SAINTE APOLLINAIRE. On y voit quantité de
vieilles mofaïques mauvaifes. Il y a cependant un
tableau dans la quatrieme chapelle à gauche , qui,
quoique dans ces premieres manieres feches de la
peinture , a du mérite du côté du deffein.

SANTA MARIA DEL PORTO. On trouve à la quatrieme chapelle à gauche, un tableau de *Palma
Vecchio* : c'eft un Saint qu'on traîne par les pieds ;
les bourreaux font coëffés de turbans. Il eft de

bonne couleur , forte & fourde ; l'exécution en eſt un peu peſante ; le deſſein en eſt juſte , ſans beaucoup de fineſſe ; les têtes en ſont belles.

Vis-à-vis , à la quatrieme chapelle à droite , on voit un tableau d'un Saint que l'on frappe à coups de bâton , où il y a auſſi de fort belles choſes , quoique d'un deſſein incorrect. Il y a de belles têtes ; la couleur en eſt argentine & gracieuſe.

S. ROMUALDO. La bibliotheque , qui ne contient rien de beau en détail , eſt néanmoins un morceau d'architecture aſſez ingénieux , & où l'on entre d'une maniere agréable.

Dans l'égliſe , un tableau du *Guercino* : c'eſt un Moine vêtu de blanc , & un Ange qui chaſſe le diable d'auprès de lui. La tête du Saint eſt aſſez belle de caractere , mais elle n'a pas toute la fermeté des ombres , ni la hardieſſe de touche qu'on voit quelquefois dans ce maître. Le diable eſt d'une couleur fort rouge , & n'eſt pas trop bien deſſiné. La tête de l'Ange eſt d'un beau caractere, & bien coëffée ; mais elle eſt peinte d'une touche trop molle : il y a apparence que ce morceau eſt de ſes derniers temps.

Vis-à-vis , dans une chapelle à droite , eſt un tableau de *Carlo Cignani* : il repréſente un Moine vêtu de noir , ayant à ſes pieds deux petits enfans. Il eſt fort gâté , & l'on ne voit du Saint que la

tête & les mains, qui font paffablement belles.
Les enfans font vigoureufement colorés, mais
d'une couleur maniérée, noire & rouffe: ce tableau
n'eft que médiocrement bien.

Au premier autel, à gauche, eft une Annonciation du *Guido*. La tête de l'Ange eft admirable, ainfi que celle de la Vierge. Ce tableau eft fort gâté.

On voit auffi dans cette ville un arc de triomphe.

Un glacis fur lequel coule un canal d'eau, qui y fait une belle nappe.

Un théâtre: on ne fe fouvient pas qu'il ait rien de particulier.

On voit dans la place une figure d'un Pape affis, de marbre blanc, de *Pietro Bacci*, fculpteur moderne. Il eft drapé d'une maniere affez grande & ingénieufe; les linges font bien & hardiment travaillés; la tête eft dans un goût mâle & reffenti: mais les détails en font rendus avec un peu de féchereffe; les jambes paroiffent courtes. En général cette figure eft bien compofée, & fait un grand effet.

Dans la même place, vis-à-vis, une autre figure du Pape, en bronze, qui eft mauvaife.

Hors de la ville on voit une ROTONDE, qui eft le fépulchre élevé, par Amalazonte, au Roi

Théodoric, son époux. Cet édifice est fort enterré ; il est octogone , & il a deux étages ; celui de dessus plus petit. La coupole surbaissée, qui le couvre , est d'une seule pierre ; elle a trente-quatre pieds de diametre, & a dû avoir environ dix pieds d'épaisseur : elle portoit un tombeau de porphyre, qu'on voit encore dans une rue près du dôme.

Les notes faites sur les villes suivantes , ayant été perdues en partie, on s'est servi , pour les rétablir , d'un ancien livre intitulé , Nouveau Voyage d'Italie , imprimé à Lyon, chez Jean Thioly, en 1699. *On ne peut garantir que ce qui y est cité soit encore au même lieu , ni qu'il soit digne de la curiosité du voyageur : mais il a paru utile de l'indiquer.*

IMOLA.

*L*E *Livre dont il est question , mentionne dans ce lieu , au dôme , un Crucifix , qu'il dit être estimé , & une Vierge & Saint Nicolas , de* Bartholomeo Cesi.

A la confrairie de Notre-Dame , trois tableaux du même Cesi : *l'Ascension , Saint Casien & Saint Roch.*

*A une autre confrairie, une Defcente du Saint Efprit, d'*Aleſſandro Tiarini.

Aux Jacobins, une Sainte Urfule, de Ludovico Carracci.

A la confrairie de Saint Charles. Ce Saint peint par Ludovico Carracci.

*Dans quelques églifes, des peintures d'*Innocentio da Imola.

FAENZA.

*A*u Dôme, *quelques Bas-Reliefs, de* Mayana, *& Jefus-Chrift au milieu des Docteurs, de* Doggi da Ferrara.

Aux Capucins, la Vierge & plufieurs Saints, par Guido Reni.

*A Santa Chiara, Saint Martin & Sainte Claire, d'*Aleſſandro Tiarini.

F O R L I.

*C*E *Livre y cite*, *entre plusieurs tableaux*, *une* Conception de la *Vierge*, *de* Guido Reni; *une An-nonciation & un Saint Jean Baptiste préchant*, *du* Guercino.

On y voit aussi une galerie de tableaux très-beaux, par *Carlo Cignani.*

R I M I N I.

*O*N y voit un Arc de triomphe, bâti par Tibere, sous le regne d'Auguste : il n'est point beau.

Le pont est de la même antiquité, mais mieux décoré. Il est de marbre, & si bien bâti, qu'à peine introduiroit-on la pointe d'un canif dans les joints.

Ce Livre annonce, *à Rimini*, *la statue du Pape* Paul II, *dans la grande place.*

Un Amphithéâtre.

A la cathédrale, *des peintures de* Cottignola,

& *un tableau de* Savolino, *éleve du* Guercino.

A Saint François, églife bâtie par L. D. Alberti, quelques tombeaux de la Robbia, *& de* L. Guibert ; *un Saint François du* Vafari ; *la Piété de* G. Bellino, *& des peintures du* Ghiotto.

A l'églife de Saint Dominique, un tableau de Ghirlandaia.

A Saint Vital, un Martyre de ce Saint, par P. Véronefe.

A l'Oratoire de Saint Jérôme, ce Saint, par le Guercino.

PESARO.

LE Dôme. Au fecond autel à gauche, on voit un tableau dit de *Guido Reni*, repréfentant Saint Jérôme & une autre figure, comme d'Apôtre, tous deux debout : ce morceau eft trèsbeau, quoique noirci par le temps.

Au cinquieme autel à droite, eft une Annonciation du *Barocci*. Ce maître eft toujours d'une couleur charmante, mais maniérée, bleue & rouge. Les têtes ont beaucoup de graces, furtout celle de l'Ange ; elles font peintes avec une douceur qui femble y répandre une vapeur légere, fort agréable ; l'enfemble des figures eft très-incorrect ; la cuiffe & la jambe gauche de l'Ange, ne paroiffent pas tenir avec le corps ; les draperies font bien peintes, mais quelquefois elles ne font pas affez rompues de couleur dans les ombres.

A l'églife de S. ANDRÉ. Il y a un tableau au grand autel, du *Barocci*, peint en 1583. On y voit Saint André fur le rivage, à genoux aux pieds de Jefus-Chrift, & Saint Pierre qui faute de la barque. Il eft très-beau & bien confervé ; la tête de Saint André eft belle & bien coëffée ; la tête du Chrift eft d'un caractere petit ; celle de Saint Pierre, dans le fond, eft d'une couleur orangée, maniérée & point naturelle, quoique agréable. Les draperies font d'une beauté & d'une fraicheur de couleur finguliere.

A l'églife du NOM DE JESUS. On voit un tableau au maître-autel, du *Barocci*, repréfentant la circoncifion de Jefus, compofé d'une maniere tout-à-fait ingénieufe, & qui lui eft particuliere. Ce tableau fait un grand effet ; les têtes font belles, & d'une couleur moins maniérée ; en général fa couleur eft toujours brillante, & extrêmement gracieufe. Il y a en haut un petit Ange affez mal drapé, & d'un mauvais choix.

A S. ANTONIO. Au grand autel eft un tableau de Paul *Calliari Veronefe* : il repréfente la Vierge

& l'Enfant Jefus entourés d'un concert d'Anges ;
en bas Saint Pierre & Saint Paul, un Hermite &
un Evêque. La Vierge & l'Enfant font d'affez belle
couleur ; le Saint Paul eft une très-belle figure,
auffi bien que l'Evêque. Il y a plufieurs têtes qui
ne font pas belles. Ce tableau, quoique beau,
n'eft pas des plus excellens de ce grand maître.

F A N O.

A l'églife de S. Philippe de Neri, on voit au
grand autel un beau tableau du *Guide*, repréfentant Jefus-Chrift donnant les clefs à Saint Pierre.
La tête du Chrift eft belle ; celle du Saint Jean eft
admirable ; il eft coëffé un peu en femme. Il y a
plufieurs têtes d'Apôtres, très-belles. Ce tableau
eft bien confervé.

Deux autres tableaux dans le même fanctuaire,
bons.

Premier autel à droite, une Vierge & un Evêque, affez bien & gracieux.

Second autel à droite, un Saint Jean-Baptifte,
dit du *Guercino*, mol, trop rouge, point beau.

On cite au dôme le Mariage de Saint Jofeph, du
Guercino ; *l'Affomption*, d'Andrea Lilio ; *à la*

chapelle *de la Vierge, les quinze Mysteres du Ro-*
saire, par le Dominichino, *& un Saint Pierre,*
du Guido Reni.

Aux Augustins, un tableau de l'Ange Gardien,
du Guercino.

S I N I G A G L I A.

O*N peut voir le Dôme & l'Eglise de Saint*
Martin, & dans une petite église du fauxbourg,
un Christ mis au tombeau, du Barocci ; *aux Au-*
gustins, un Saint Hiacinthe, du même.

A N C O N E.

L e Port eft fort beau. Il y a un mole décoré
d'un arc de triomphe antique, de marbre blanc,
bien confervé, & d'une affez belle proportion ; la
porte n'eft pas large, ni écrafée comme dans la
plûpart des autres ; elle eft dans la proportion à
peu-près du double de fa hauteur.

Un autre Arc de triomphe fur le même mole,
de *Van Vitelli* : il eft bâti de pierre, & fort beau,
quoiqu'il y ait quelques licences.

On voit du même architecte un LAZARET bâti dans la mer : c'eſt un très-bel ouvrage. Son plan eſt un pentagone ; il y a pluſieurs petites chambres & une grande cour, au milieu de laquelle eſt une petite chapelle décorée de colonnes, dont la penſée eſt fort belle : tout cela eſt traité de bon goût.

On annonce au dôme un tableau des fiançailles de la Sainte Vierge, par Pietro della Franceſca ; *un tableau du* Guercino, *& quelques peintures de* Lippi.

A Saint Dominique, un Chriſt en croix, du Tiziano.

Aux Franciſcains réformés, un autre tableau du même.

LORETTE.

LORETTE.

À LORETTE, le tréfor eft d'une richeffe immenfe. Il y a dans la falle de ce tréfor un tableau d'Annibal *Carracci*, d'une grande beauté : il repréfente la naiffance de la Vierge.

Dans la même falle, une Vierge, de *Raphael*, très-belle. Les plafonds font beaux.

Les fculptures autour de la SANTA CASA, font belles, & paroiffent de l'école de *Michel-Angelo* : elles font d'une nature un peu lourde.

Dans la coupole de l'églife il y a quatre Evangéliftes fort beaux : on les dit de Chriftophe *de Roncalli delle Pomarancie*.

Dans une chapelle de l'églife on voit une Annonciation, du *Barocci*, la même que celle qui eft à *Pefaro*. On ignore lequel des deux tableaux eft l'original ; & peut-être le font-ils tous deux : ils font également beaux. Dans celui de Lorette, la tête de Vierge eft plus belle qu'à *Pefaro* ; à *Pefaro*, la tête de l'Ange eft plus belle qu'à Lorette.

Il y a dans la même chapelle des peintures des *Zuccari*.

Tome I, Part. I. G

Dans cette même églife il y a un tableau de *Vouet*, peintre François : il repréfente la Cene de Jefus-Chrift avec les Apôtres. C'eft un fort beau tableau ; il y a de belles têtes ; il eft de très-bonne maniere & de bonne couleur.

Les portes de cette églife font de bronze, & ornées de fort beaux bas-reliefs.

L'ancien Livre, ci-deffus mentionné, annonce à la chapelle du Saint Sacrement un tableau fur marbre, de Hiéronimo Lombardi, *& quelques frefques, du* Minciocchi da Forli. *A l'autel de Saint Jean Baptifte, ce Saint à frefque, par le* Pelegrino da Modena. *A l'autel de Sainte Elifabeth, trois tableaux du* Mutiano. *A la chapelle de l'Enfant Jefus, un tableau de* Philippo Belino d'Urbino. *A la chapelle* del Secorfo, *un tableau de* Gio. Baglioni. *A la fuivante, Saint Charles, du* Pomarancio. *De l'autre côté, un tableau d'*Annibal Carracci : *c'eft vraifemblablement celui dont il a été parlé ci-deffus, qui depuis a été tranfporté dans la falle du tréfor. Aux chapelles fuivantes, la Nativité de la Vierge, de* Gio. Batta. Monte Nuovo, *& l'Immaculée Conception, du* Bellini.

On fait voir auffi dans l'apothicairerie des vafes de fayance, peints fur les deffeins de *Raphael* : mais cela n'eft que médiocrement bon.

Il y a une armoire remplie de poignards, curieux par leur variété. Cet amas a été fait par
un Capucin, auquel les malheureux, qui venoient
s'accufer de s'en être fervis, les remettoient.

F O L I G N O.

DANS une églife de Religieufes, un tableau,
où l'on voit une Vierge au milieu d'un cercle de
lumiere, environnée de têtes de Chérubins ; en
bas un Saint Jean-Baptifte , un Saint François, un
Enfant debout, qui tient un écriteau ; Saint Jérôme & fon lion, & derriere un autre Saint. Ce
tableau eft digne de curiofité: ce doit être celui qui
dans le Livre eft cité fous le nom de *Raphael.*

Au Dôme eft une ftatue d'argent, repréfentant
un Evêque affis: elle eft fort belle. On y voit auffi
un Baldaquin , à l'imitation de celui de Saint
Pierre de Rome.

SPOLETTE.

Un Aqueduc antique, bâti par les Romains, compofé de dix arcades en tiers-point. Il a de longueur environ fix cens pieds, & paroît en avoir à peu-près la moitié de hauteur. Il eft hors de la ville.

On cite dans le Livre, outre cet aqueduc, un Pont de pierre, qui pourroit bien être celui dont il fera parlé un peu plus bas, comme étant à Narni, & qui par erreur a été tranfpofé, ces notes ayant été en partie perdues & embrouillées. De plus on y annonce les Ruines d'un ancien théâtre, les Ruines du temple de la fortune, & l'Arc dit d'Annibal.

A la cathédrale, une Vierge qui offre à l'Enfant Jefus de la manne d'or, d'Annibal Carracci.

T E R N I.

On monte à cheval pour aller voir la Cas-cade de Terni : on paſſe par des chemins diffici-les. Cette caſcade eſt un de ces grands ſpectacles de la nature, qui produiſent l'étonnement & l'ad-miration. On voit une riviere tombante d'une montagne élevée de deux ou trois cens pieds, ſur des rochers, où cette chûte a creuſé, par ſon im-pulſion continuelle, un trou d'une très-grande profondeur. L'eau y tombe avec tant de violence, qu'il s'en réſout une partie conſidérable en une vapeur ou pluie qui paroît remonter preſqu'auſſi haut que le lieu d'où elle eſt tombée. Le reſte forme une ſeconde caſcade, qui n'eſt de guere moindre que la premiere. Delà elle roule en bouillons dans un vallon très-profond. Le bruit de cette chûte ſe fait entendre au loin, & eſt ſi conſidérable que même à une aſſez grande diſ-tance, il faut crier pour s'entendre l'un l'autre. Le chemin que l'on paſſe enſuite, quoique diffi-cile, eſt fort agréable. Ce vallon préſente l'aſpect le plus riant ; les hautes montagnes qui l'environ-nent, le mettent à l'abri des vents froids. Les oran-gers y viennent en pleine terre, & y ſont très-beaux.

NARNI.

ON y voit les restes d'un Pont très-grand, bâti par les Romains. Il ne paroît pas que l'architecture en ait été fort décorée ; il reste quelques moulures d'impostes, assez mâles , mais d'un profil désagréable. L'arcade du milieu peut avoir quelques 100 ou 120 pieds (1). Pour aller à *Otricoli*, on passe par des montagnes fort élevées, & toujours en descendant ; on trouve un vallon très-profond ; en y arrivant on découvre des vues belles & très-pittoresques. Il y a des hameaux & des maisons de plaisance , placés sur le rampant des montagnes , qui présentent des aspects très-beaux pour la peinture.

(1) Voyez à l'article de Spolette.

R O M E.

J E n'ai pu faire aucune note sur les belles choses qu'on voit à Rome, à cause de leur quantité, qui est en quelque façon innombrable. On y trouve une multitude de statues antiques, dont presque toutes méritent attention. On y voit tant de restes d'architecture antique, & de si beaux monumens de celle des derniers siecles, les églises, ainsi que les palais, y sont ornés avec tant de profusion des plus beaux morceaux de sculpture & de peinture de ces mêmes siecles, qu'il eût fallu un temps très-considérable pour écrire seulement quelques notes sur chaque chose : je crus devoir employer le séjour que je pourrois faire dans cette ville, à dessiner. Au reste, les curiosités qu'on voit à Rome, sont plus universellement connues que celles qui sont dans le reste de l'Italie ; & d'ailleurs il y a toujours tant d'artistes de toute nation dans cette ville, qu'il est facile à tout amateur de se faire accompagner de quelqu'un d'eux.

ENVIRONS DE ROME.

TIVOLI, à dix-huit milles de Rome.

ON voit à un mille & demi de *Tivoli, la ville Adrienne*, ancienne maison de plaisance d'Adrien : c'est un palais d'une grande étendue, où il y avoit un théâtre, un petit temple, &c. Il n'y reste presque que des masses de briques informes : cependant on démêle encore le théâtre, qui étoit petit.

On y trouve quelques chapiteaux de marbre : il y en a deux, dont les feuilles sont fort différentes des chapiteaux antiques ordinaires. Les grandes feuilles d'acanthe n'y sont employées que sous les volutes ; & dans l'espace qui reste après un rang de petites feuilles fort courtes, il s'en éleve un de feuilles plus longues, & comme des feuilles de roseaux, au dessus desquelles est encore un troisieme rang de feuilles très-courtes.

On y trouve aussi quelques fragmens de colonnes.

On y voit encore une partie du temple : mais il n'y reste plus rien de ce qui le décoroit.

On trouve dans ces ruines antiques deux voûtes, où il reste quelque partie de leur décoration: l'une, qui est petite, semble un corridor, & on y voit des ornemens d'un relief extrêmement bas, travaillés de bon goût, & avec beaucoup de délicatesse: l'autre est la voûte d'une piece grande & élevée, où, quoiqu'il y reste peu de chose, on voit encore de petits bas-reliefs de figures fort jolies, & des ornemens fort légers & de très-bon goût. Ils font un effet d'autant meilleur, qu'ils font renfermés dans des platebandes régulieres, & composés d'angles droits, fans aucunes formes tortillées (mauvaise mode des derniers fiecles). Ces platebandes unies & mêlées aux parties enrichies, y produifent un repos qui fait un excellent effet.

On y trouve encore un reste de corniche d'ordre Dorique de marbre blanc, dont le profil paroît beau & bien travaillé.

Dans le chemin de *Tivoli* à la ville Adrienne, on trouve quelques monceaux de briques, qu'on dit être les restes de la maifon de Caffius. On a tiré de la ville *Adrienne* d'excellens morceaux de fculpture, tels que l'Antinoüs & plufieurs autres.

La *cafcade de Tivoli* est produite par une petite riviere qui tombe d'environ 40 à 50 pieds de haut, & fait un effet fort pittorefque ; elle paffe prefqu'auffi-tôt par un fentier étroit, au travers

& pardeſſous des rochers avec beaucoup de violence, pour aller former plus loin pluſieurs caſca-
des moins conſidérables, mais qui tombent de
beaucoup plus haut : on les appelle *les caſcatelles.*
Au niveau de la riviere, à l'endroit de ſa chûte,
eſt un lavoir public, qui enrichit beaucoup ce tableau, qui l'eſt déja par le fond de plaine qu'on
voit en haut, derriere la caſcade.

Dans le même endroit eſt un petit temple rond,
appellé le *Temple de la Sybille :* il y a peu de
reſtes d'antiquité auſſi élégans que ce petit édifice. Il en ſubſiſte environ la moitié. Il eſt bâti de
pierre dure de *Tivoli.* Le plan eſt un cercle
parfait, entouré d'une colonnade ; le chapiteau
eſt court, & l'entablement léger. Il y a peu de
moulures à la corniche : mais elles ſont d'un beau
profil. Les ornemens de la friſe ſont travaillés de
bon goût ; les colonnes ſont d'une proportion légere & élégante ; elles ſont cannelées ; la fenêtre
& la porte ſont entourées d'un chambranle de
marbre, & toutes deux ſont plus étroites du haut
que du bas. Le plafond de l'intérieur de la colonnade eſt décoré de ſophites à caiſſes & roſons,
tous les uns à côté des autres, ſans aucune plate-
bande qui puiſſe y donner de la variété & du repos,
apparemment pour ſauver le défaut de parallé-
liſme.

Il n'y a point de pilaſtres dans le mur pour cor-
reſpondre aux colonnes : ils y feroient un mauvais
effet; puiſqu'ils deviendroient trop ſerrés. Les
Anciens, plus judicieux que nous, les ſçavoient
ſupprimer à propos, & croyoient avec raiſon
qu'un mur de pierre ou de maçonnerie n'a pas be-
ſoin, pour ſe ſoutenir, de poteaux de bois, qui
eſt ce que repréſente le pilaſtre. Nous, au contraire, nous ſommes ſi attachés aux pilaſtres, que
nous aimons mieux écorner ridiculement les chapiteaux, lorſqu'il n'y a pas de place, que de perdre ces pilaſtres inutiles.

Derriere ce petit temple rond, on en voit un
autre encore fort petit, quarré long. Les colonnes
qui en décorent les côtés, ſont preſque enſevelies
dans un mur qu'on y a fait pour l'ériger en égliſe.

En allant ſur la montagne qui eſt vis-à-vis des
caſcatelles, on trouve dans ſon intérieur un ſou-
terrein voûté, compoſé de trois corridors, ſéparés
par douze piliers de chaque côté. On prétend
qu'on raſſembloit là les eaux de la montagne, pour
les diſtribuer dans les maiſons de plaiſance des
Romains, qui étoient ſur le penchant de cette
montagne.

On trouve dans cette partie de montagnes, des
reſtes de maſſifs de briques, dont on dit des uns,
qu'ils ſont la maiſon d'*Horace*, & des autres, celle
de *Lepidus*.

On trouve auffi dans ce même canton une caverne, qui femble creufée dans le rocher, d'où fort un gros bouillon d'une très-belle eau. On prétend que ç'a été des bains.

Vis-à-vis, & de l'autre côté du torrent, on voit la premiere & la plus grande des *cafcatelles*, qui eft une chûte d'eau qui tombe en deux ou trois bonds d'une montagne fort élevée, toute garnie d'arbres & de verdure, & mêlée de rochers; ce qui fait un très-bel effet. La feconde *cafcatelle*, qui n'eft pas loin de celle-ci, eft moindre, auffi bien que les trois autres qui tombent plus loin à des diftances inégales. Ces différens ruiffeaux tombent dans le torrent qui eft compofé de leurs eaux & de celles de la cafcade, & qui roulant entre des rochers, fait un effet très-pittorefque. La cime de cette montagne eft couronnée de diverfes fabriques, dont la plus confidérable eft les reftes de la maifon de campagne ou des bains de *Mécenas*.

Au retour, après avoir defcendu prefqu'au pied du torrent, en revenant à *Tivoli*, on trouve un petit pont antique, qui n'a rien de fingulier, que d'être bâti de pierres fort grandes, & très-folidement.

En remontant à *Tivoli*, par le chemin qui vient de Rome, on trouve un petit temple rond, où il ne refte rien de ce qui le décoroit : il n'y a que le maffif de briques. La coupole eft toute couverte d'arbriffeaux.

On arrive enfuite à la VILLA ou maifon de plaifance de *Mécenas*. Il y a une grande galerie voûtée, fous laquelle paffe avec rapidité un petit torrent, qui forme une des *cafcatelles*. Ce lieu ruiné forme des vues très-pittorefques: on dit que quelquefois l'entrée, quoique fort grande, en eft bouchée par une nappe d'eau, qui tombe du deffus. Il y a fur le côté qui regarde le torrent, une petite galerie, tout cela paroît avoir été les fouterreins d'un grand édifice.

LA VILLA D'ESTE. Le jardin en eft fort beau, quoique prefque abandonné; il y a des cyprès & des pins très-beaux; aux deux côtés de l'entrée, par le jardin, font deux grottes ruftiques, de fort bon goût, quoique petites.

A gauche eft un grand bofquet, dans lequel il y a des orgues à eau: elles font dans une décoration d'architecture de pierre, fort pefante & affommée d'ornemens lourds. Il y a des figures d'hommes en caryatides de bas-relief, au lieu de pilaftres: tout cela eft affez mal exécuté, & fait un mauvais effet, quoiqu'il y ait des profils de corniches, & autres détails d'architecture fort beaux, & d'une maniere mâle.

Plus loin, du même côté, on trouve un bof-

quet qu'on appelle l'*Antre de la Sybille*. Il eft
compofé d'un grand baffin circulaire, derriere &
autour de la moitié duquel regne une galerie baffe,
en forme de cloître, circulaire & pleine d'eau. Au
milieu de cette galerie s'avance une fontaine en
forme de vafe ou coupe, d'où tombe une nappe
d'eau. Les piliers qui féparent les arcades, font
décorés de niches avec de petites figures : toute
cette partie eft d'une proportion gracieufe & de
bon goût. Derriere s'élevent quatre ou cinq rochers ruftiques, qui n'ont point de proportion,
ni de rapport à cette décoration du devant, & qui
la font paroître petite, furtout à caufe de la grandeur coloffale de quelques mauvaifes figures qui
font couchées entre ces rochers. Le tout fait cependant un afpect fort pittorefque, enrichi par
les herbages qui y croiffent de toutes parts, & par
les arbres qui couronnent les rochers.

Il y a à la defcente de ces bofquets une chûte
d'eau, en forme de riviere coulante fur un talud,
qui fait un fort bel effet.

Le coup d'œil de l'entrée du jardin eft fort
beau, par la quantité des terraffes & des fontaines
qui s'élevent les unes au deffus des autres jufqu'au
château qui eft tout au haut, & fort élevé. Ces
différentes terraffes font décorées d'efcaliers, d'eaux
jailliffantes, & de fontaines de diverfes façons,

qui forment chacune en particulier de fort belles parties. Il y en a une entr'autres qu'on appelle la *girandole*, d'où s'éleve un jet d'eau, avec des bruits imitant l'artillerie.

On trouve entre ces terraffes une allée en travers du jardin, dont un côté eft décoré d'une très-grande quantité de petits jets d'eau, qui tombent fur une terraffe étroite, & font encore au deffous un rang de petits jets tombans. Le tout eft entremêlé de petits bas-reliefs de *Stuc*, dont on ne voit prefque plus rien : mais par ce qui en refte, on peut juger qu'ils étoient bien & de bonne main. Le tout eft couronné par un grand nombre de vafes de différentes formes, & de bon goût : cela fait un effet fort agréable.

Au bout de cette allée, & à la droite du jardin, on a repréfenté une petite ville de Rome, compofée de temples & autres fabriques, mais fi fort en petit, qu'à peine ces bâtimens font-ils auffi hauts qu'un homme ; ce qui fait un effet plus ridicule qu'agréable, & ne peut être regardé que comme le modele d'une bonne chofe, fi elle étoit exécutée en grand. Il y a dans ce petit modele une cafcade repréfentant le Tibre & le *Teverone*, qui eft fort jolie, & qui feroit fort belle dans un deffein, où rien ne feroit juger de la petiteffe dont elle eft.

Il y a dans ce jardin plusieurs autres grottes ou fontaines décorées de rustiques ou de grosses mosaïques, qui sont chacune en particulier de fort bon goût & ingénieuses : mais toutes ces richesses semblent être détachées les unes des autres, & ne forment point de tout-ensemble. Il en est de même de l'architecture du palais, qui a, comme la plûpart des bâtimens d'Italie, des parties qui sont riches & fort belles, & le reste tout nu & sans décoration.

L'escalier qui y monte est beau, & le pallier en est décoré de colonnes, & couvert d'une terrasse avec balustrade.

A droite il y a un pavillon en avant-corps, qui ne va pareillement que jusqu'au premier étage, & qui est couvert d'une terrasse : il est d'une fort belle architecture, & fait en particulier un beau morceau.

Le reste du bâtiment, qui est grand, n'a pour décoration que des fenêtres plates.

Les dedans des appartemens sont ornés de plafonds peints par les *Zuccari*. Le défaut de ces plafonds est d'avoir mêlé de grosses bordures en relief d'ornemens forts & lourds, avec les intervalles peints de petits ornemens extrêmement délicats. Au reste il y a de très-bonnes choses dans ces peintures ; les ornemens légers, qui y sont

peints,

peints, font très-ingénieux & de très-bon goût dans leur genre.

Dans le pavillon qui eft fur la terraffe, on voit plufieurs figures antiques, dont quelques-unes font belles. On y fait remarquer une figure égyptienne, de marbre noir, qui ne vaut rien, & n'eft qu'une maffe informe & fans goût.

Il y a dans les portiques qui environnent la cour, quelques figures antiques, affez belles.

On voit dans la place de *Tivoli*, où eft la principale églife, deux figures égyptiennes de granit, de huit à dix pieds de proportion, qui font de bonne maniere, & dont les têtes font affez belles.

Au pied de la colline, où eft *Tivoli*, fur le chemin de Rome, on trouve un tombeau antique : c'eft une groffe tour ronde, de pierre, demi-ruinée & reftaurée de briques, au devant & au bas de laquelle eft un refte d'architecture, compofé de piédeftaux & d'une partie du fuft des colonnes engagées dans le mur où eft l'infcription.

On voit dans un vallon, derriere les montagnes de *Tivoli*, les reftes d'un aqueduc, ouvrage affez confidérable des Romains.

Le Monte Spaccato eft une montagne où il y a deux trous longs ; ils font l'ouverture de deux fentes très-profondes, qui vont dans le cœur de cette montagne : on attribue cette singularité à un tremblement de terre. Cette curiosité ne vaut guere la peine qu'elle coûte ; on en est cependant dédommagé par la belle vue dont on jouit sur le haut de ces montagnes, d'où l'on découvre une plaine de dix ou douze lieues, vers le milieu de laquelle est la ville de Rome : cette vue est terminée par la mer. On y découvre des montagnes à quinze ou vingt lieues.

Dans la plaine, entre Rome & *Tivoli*, est un petit lac d'eau sulfureuse, & qui exhale une très-mauvaise odeur, sur lequel nagent plusieurs petites isles de différente grandeur : il y en a qui ont à peine six pieds. On dit qu'on n'y trouve point de fond.

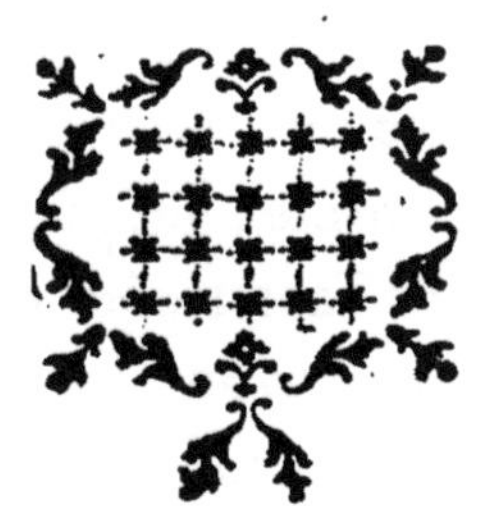

CASTELL' GANDOLFO.

On y voit un grand lac , fur le bord duquel, à droite , en defcendant par le chemin de *Caftello*, on trouve un temple fouterrein , qu'on nomme le *Temple de Domitien.* C'eft un antre creufé dans le roc. On y voit quelques niches & des enfoncemens de chapelles ; on y découvre les marques de deux efcaliers à droite & à gauche , qui defcendoient du fanctuaire , dont le plan eft élevé. Derriere ce fanctuaire il y a un chemin obfcur, où, dit-on, les prêtres rendoient les oracles.

Plus loin , à droite , on trouve l'embouchure du lac. C'eft un canal creufé au travers de la montagne , pour écouler l'excès des eaux du lac. Il eft taillé dans la pierre dure , & il continue , dit-on , fous terre plus d'un mille , jufqu'à fon débouchement , qu'on voit de l'autre côté de la montagne, dans la plaine. Il peut avoir trois pieds d'ouverture fur fept à huit de haut. Ce lieu eft fort pittorefque ; l'entrée en eft ombragée , & couverte de chênes verds , fort vieux , dont les troncs, quoique gros, n'ont, pour étendre leurs racines, que les fentes des pierres , qui paroiffent néanmoins encore pofées affez exactement.

H ij

A gauche du chemin , pavé de grandes pierres par les Romains , & ruiné par le temps, on trouve un autre petit temple fouterrein , régulier dans fon plan. Il y refte beaucoup de fragmens de l'architecture dont il étoit orné. Le bas eft un ordre Dorique ; il paroît avoir fept à huit pieds , y compris l'entablement : il eft encore prefque entier. Autour du temple font alternativement une colonne & une niche : les niches font fucceffivement quarrées & rondes. L'ordre Dorique étoit couronné dans le fond du temple par un fronton , dont on voit encore les principales maffes. Ce qu'il y a de fingulier , c'eft qu'il eft brifé , ne continuant pas fur une ligne droite , à la maniere ordinaire des antiques ; il fe retire en arriere par le haut , & fait reffaut en avant aux deux côtés , comme beaucoup de nos frontons modernes. Ainfi il faudroit rapporter cette invention aux Anciens. Il femble auffi qu'il ait été un peu ceintré : cependant on ne peut pas l'affurer, les moulures en étant fi ufées , que leurs finuofités pourroient produire cet effet à l'œil , fans que cela fût en effet. Au deffus de cet ordre regne une efpece de petit attique , dont ce qui refte de la corniche eft orné de denticules. Au deffus eft la voûte en plein ceintre.

LA VILLA BARBERINI. On y voit un refte confidérable de fabrique antique. C'eſt une terraſſe revêtue de briques dans toute ſa longueur, qui eſt conſidérable, où l'on rencontre de diſtance en diſtance de grands enfoncemens, les uns en demi-cercle, d'autres quarrés, plus profonds que larges: ils ne ſont pas tous d'égale grandeur; le plus grand eſt quarré. Ces enfoncemens ſont décorés de niches en nombre impair, & ſucceſſivement l'une quarrée, & l'autre ronde: on ignore à quel uſage cela a pu ſervir. Cette maſſe de briques eſt couronnée de chênes verds, qui y ont pris racine, ſans qu'il y ait de terre pour les nourrir: c'eſt une belle décoration pour ce jardin.

L'Egliſe ou Dôme. Au principal autel on voit un tableau d'un Chriſt en croix, avec la Sainte Vierge, Saint Jean & la Magdeleine, qui embraſſe les pieds de Jeſus-Chriſt, de *Pietro da Cortona*: ce tableau eſt fort noir, & le temps y a beaucoup contribué. Il eſt en général très-beau pour la maniere large & facile, & un goût de compoſition grand. Les jets des plis ſont beaux, & le tout eſt peint moëlleuſement. Le Chriſt n'eſt pas d'un deſſein fort correct, ni d'un beau choix de nature, quoiqu'elle puiſſe être vraie, les hanches étant larges, & les épaules étroites. La Magdeleine eſt bien, ſoit pour le viſage, ſoit pour la maniere de l'avoir drapée & ajuſtée: mais elle eſt plutôt gentille que belle. La Vierge, dans la douleur, semble un peu vieille : l'expreſſion en eſt cependant très-belle. Le Saint Jean a la phiſionomie baſſe & commune. Ce tableau eſt dans un ovale en hauteur, ſoutenu par deux grands Anges de ſtuc, accompagnés en haut de petits Anges & d'un Pere éternel., qui eſt fort gêné dans l'architecture où il eſt modelé. Cette invention du *Bernini*, qu'il a ſouvent répétée, eſt ingénieuſe, & feroit un très-bel effet, ſi cette ſculpture étoit bien exécutée.

A la chapelle à gauche, eſt un tableau d'une Aſſomption de la Vierge, bien compoſé & bien peint, d'une maniere douce, moëlleuſe, & même un peu trop indéciſe. Il y a de beaux tons & d'aſſez belles têtes, de l'harmonie & de l'intelligence de clair-obſcur.

Dans la chapelle à droite, on voit un tableau qui a de la beauté. Il eſt correctement deſſiné : mais il y a de la froideur & de la ſéchereſſe, d'ailleurs peu de magie de clair-obſcur.

La coupole de cette égliſe eſt fort belle & très-bien décorée par le *Cav. Bernini.* Les petites croiſées ſont couronnées de grouppes d'Anges, & de guirlandes fort ingénieuſement ajuſtées. Le concave de la coupole eſt de grandes bandes, entre leſquelles ſont des caiſſons hexagones forts de bas-relief, ornement magnifique, & néanmoins simple & de bon goût : le tout eft blanc. La lanterne paroît trop grande pour la coupole. Le refte de l'églife eft fans ornement, & trop nu pour une coupole fi riche. Les autels font fimples : ce font quelques colonnes couronnées d'un fronton ; mais il eft défagréable de les voir portées par deux piédeftaux l'un fur l'autre. Il y a en dedans deux petites portes fort belles & de bon goût. L'écriteau qui eft au deffus de la grande porte en dedans, eft ajufté ingénieufement.

Sur le chemin de *Caftello* à *Lcricci*, & après avoir paffé la belle allée de vieux arbres, qui mene à *Albano*, on rencontre une maffe de briques, affez informe, qu'on nomme le *Tombeau d'Afcagne* ; enfuite on trouve le *Tombeau des Horaces.* C'eft un piédeftal quarré, grand & élevé, fur lequel il y a cinq pyramides rondes, tant entieres que ruinées. Il n'a rien de remarquable, fi ce n'eft que l'état où l'a réduit le temps, le rend propre à être deffiné, & il peut faire un bon effet fur le papier.

Il y a dans le palais du Pape d'affez beaux cartons ou deffeins : on ne fe fouvient pas d'y avoir vu autre chofe qui foit bien digne de remarque.

H iv

L A R I C C I.

ON y voit une églife du *Cav. Bernini*, dont les dehors ne font pas fort beaux, & qui n'eft pas heureufement accompagnée par deux corps de bâtimens, qui femblent en être détachés. L'intérieur de l'églife paroît une des plus belles chofes qu'il y ait en Italie, foit pour le tout enfemble, foit pour les détails. Son plan eft un cercle environné de chapelles ; la coupole eft fort riche, & décorée dans le goût de celle de *Caftello*, avec cette différence que les croifées qui l'éclairent, ne font point pratiquées dans la partie concave de la coupole. Ces croifées font couronnées d'enfans, excepté les deux grandes au deffus de la porte & vis-à-vis, qui font ornées de grands anges. Toute l'églife eft blanche, fagement ornée, d'un goût fimple & majeftueux, & très-proprement exécutée. Les petites chapelles qui l'environnent, font femblables & régulieres : il y a le même défagrément qu'à *Caftello*, des deux piédeftaux l'un fur l'autre.

La chapelle du fond, vis-à-vis la porte d'entrée, eft en forme de grande niche ceintrée dans fon plan, & en cul de four ; elle eft toute remplie d'un tableau peint fur le mur, par le *Bourguignon:* il repréfente l'Affomption de la Sainte Vierge (figures plus que grandeur naturelle). Quoiqu'il foit peint en maître, & d'une couleur affez vigoureufe, il eft fi incorrectement deffiné, qu'on voit bien que ce n'étoit pas fon genre : le pinceau en eft un peu barboteux & indécis. Cette peinture fait en général un affez mauvais effet dans cette églife, qui eft toute blanche ; elle y femble une tache : c'étoit plutôt la place d'un bas-relief.

MARINO.

Il y a deux églifes. Dans l'une, à la chapelle de la croifée à gauche, eft un tableau du *Guercino,* repréfentant Saint Barthélemi qu'on écorche : ce tableau eft d'une très-grande beauté. Il y a beaucoup de chofes de la plus belle couleur ; les ombres des chairs, en beaucoup d'endroits, n'y font pas brunes, comme il les a fait fouvent. Il y a en haut un Ange tout clair, & d'une couleur belle & très-agréable : il eft d'un caractere de deffein grand & fier. Il femble qu'on pourroit y fouhaiter que le fond du tableau ne parût pas entre toutes les jambes des figures, qui d'ailleurs laiſſent en-tr'elles des diſtances aſſez égales , & ne ſont point grouppées.

Dans le fond du ſanctuaire on voit un grand tableau , que l'on dit auſſi du *Guercino ,* mais qui n'eſt point beau, & qui eſt fait mollement, comme ſi c'étoit une copie : il repréſente un Martyr que l'on approche d'un feu ardent.

Dans l'autre égliſe on voit un tableau de *Guido Reni ,* repréſentant la Sainte Trinité. Ce tableau eſt d'une grande beauté : il ſemble cependant que la tête du Pere éternel n'eſt pas coëffée d'une maniere aſſez noble, & qu'il eſt trop chauve ; les mains ne paroiſſent pas aſſez âgées pour la tête ; les jambes du Chriſt ſont deſſinées avec la plus grande fineſſe , les détails les plus ſçavans , & d'un contour très-gracieux.

Toutes ces côtes de montagnes ſont fort agréables , & l'on y jouit de très-belles vues, principalement ſi l'on monte par un temps ſerein ſur le haut de *Monte Gavi,* qui eſt la plus haute montagne de ces environs , & où l'on voit quelques reſtes des fondemens d'un temple antique , aſſez conſidérable. On découvre delà une étendue immenſe de terre & de mer , dans laquelle on prétend même appercevoir l'iſle de Corſe , qui en eſt à cent milles. En y allant , on paſſe par *Rocca di*

Papa, village très-pittoresque par l'irrégularité du terrein de la montagne sur laquelle il est placé.

Derriere *Castell' Gandolfo* on jouit de la vue d'un lac qui est très-grand, & qui porte le même nom ; & plus près d'*Albano* est celui de *Néemi*, qui est moindre, quoique fort grand. Sur le rampant est le village du même nom, qui passe pour un lieu où il y a de petites vues de détail très-pittoresques à dessiner.

VELLETRI.

Il y a dans une place publique une statue d'un Pape assis : elle est de bronze, sur le modele de l'*Algardi*.

TERRACINA.

On y voit un reste de temple antique, considérable par sa grandeur, sur lequel est bâtie une église. Le stilobate ou soubassement qui le portoit, paroît avoir dix à douze pieds de haut. Il ne reste de l'ordre que les bases & quelques portions du fust des colonnes : elles étoient cannelées, & paroissent avoir environ quatre

pieds & demi de diametre. C'eſt un ordre Corinthien.

En continuant le chemin de *Terracine*, on trouve
beaucoup d'antiquités, qui ne ſont plus que des
maſſes informes.

CAPOUE.

Iʟ y a une égliſe bâtie ſur les ruines d'un temple antique : mais il paroît qu'il n'y reſte rien
d'antique que les fondemens, & peut-être quelques endroits du grand ſtilobate, ſur lequel elle
eſt aſſiſe. Les pilaſtres, chapiteaux & corniches,
quoique travaillés en pluſieurs endroits dans le
goût antique, ne le ſont vraiſemblablement point,
les Anciens n'ayant point connu la maniere de
groupper les pilaſtres, ainſi qu'ils le ſont là. D'ailleurs le reſſaut que fait la corniche du ſtilobate
du côté droit, pour porter la tour du clocher,
n'eſt point antique, & la même corniche qui
regne à gauche de l'égliſe, ne lui eſt point con-
forme, & ne fait point reſſaut.

On voit dans cette égliſe trois grands tableaux
dans le ſanctuaire, de *Franciſchello delle Mura*,
peintre moderne, éleve de *Solimeni*. On ne ſe

souvient pas des sujets de deux d'entr'eux : mais celui du maître-autel représente une Annonciation. Le Pere éternel, & toute la gloire céleste, y sont présens : la Vierge paroît refuser cette grace. Ce qu'il y a de plaisant, c'est qu'on y voit une cafetiere d'argent à la moderne, dans laquelle chauffe le thé ou café de la Vierge, & qu'elle a un chat, un perroquet, une belle chaise de velours à crépines d'or, &c. le tout sur l'escalier, où se passe le sujet. Au reste il y a du mérite dans ces tableaux ; l'enchaînement des grouppes, & les attitudes & ajustemens des figures, sont ingénieux & très-gracieux. La couleur a le défaut d'être trop belle, & tient de l'éventail. Les draperies sont traitées à plis grands & arrondis.

A deux milles delà sont les restes de l'ancienne CAPOUE. Il y a une porte qu'on dit être celle de la ville : il n'y reste que deux arcades, & l'on n'y voit rien qui indique qu'il y en ait eu davantage. Il y a une niche dans la face des alettes qui soutiennent les arcades, & trois dans le massif qui est en retour sous la porte. Ces arcades sont d'une hauteur assez élégante, & plus élevées que la plûpart des portes ou arcs de triomphe antiques, qui pour l'ordinaire sont fort bas, par rapport à leur largeur (1).

(1) Les Anciens étoient à cet égard d'un sentiment diffé-

On voit dans cette ancienne ville un Amphi-théatre ou Colifée, beaucoup moins grand que celui de Rome. Il eft ovale, & peut avoir environ 150 pieds de long fur 90 de large. Il faut qu'il foit fort enterré; car le rampant, fur lequel étoient pofés les gradins, defcend jufqu'à terre, & l'on ne voit plus le mur perpendiculaire, qui devoit être autour de l'arene, comme au colifée de Rome. Il y a encore de refte des parties affez confidérables de corridors, dont quelques-uns ont treize pieds de large. Il paroît que tous les orne-mens d'architecture, qui le décoroient à l'exté-

rent de l'ufage reçu parmi nos Architectes modernes, qui donnent toujours aux portes une hauteur double de leur largeur, & même qui les portent encore à une plus grande élévation. L'habitude où nous fommes de voir cette pro-portion partout, nous fait regarder au premier coup d'œil celle que leur donnoient les Anciens, comme trop écrafée: mais je ne fçais s'il en eft de même aux yeux de la raifon, & lorfqu'on vient à l'examen, en fe dépouillant de toute prévention; car ne peut-on pas dire qu'il y a différentes proportions, qui font également belles, relativement à l'ufage auquel font deftinés les édifices? Et pourquoi s'affu-jettir à élever un monument à grands frais, lorfqu'on n'a nul befoin de fon exhauffement, & que la néceffité requiert feulement qu'il foit ouvert en largeur? Il femble donc qu'on pourroit admettre d'autres proportions pour les por-tes de villes & arcs de triomphe, & que la raifon étant fa-tisfaite, le goût devroit s'y foumettre, & les yeux s'y ac-coutumer. Il y a bien de prétendues loix du goût, qui ne font qu'habitude. Le premier qui le hazarderoit, pourroit être blâmé; mais enfuite, fi cela étoit foutenu d'un vrai talent, il auroit des imitateurs.

rieur, étoient de marbre. La plûpart des moulures du premier ordre, qui reſtent dans les parties
qui ſont ſur pied, ſont tout-à-fait uſées. Il y avoit
quatre grandes entrées, plus remarquables que
celles du coliſée de Rome. Une partie de la décoration d'une de ces portes bâties de marbre,
ſubſiſte. Il y a trois arcades égales. A chacune
des alettes eſt une colonne d'ordre Toſcan, enfoncée de ſa moitié dans le mur, de maniere que
l'impoſte des arcades empiéte ſur la colonne ;
ce qui fait un mauvais effet. Les clefs des arcades ſont fortes & ornées de buſtes en bas-
relief fort ſaillant. Ces buſtes repréſentent des
têtes de Divinités, comme Diane, Mercure
& autres. Ils ſont trop coloſſaux pour l'ordre,
qu'ils ſont paroître petit. Le chapiteau eſt déſagréable en ce qu'au lieu du quart-de-rond, il
y a une doucine fort camuſe. En général la
ſculpture & l'architecture de cet amphithéâtre
ne ſont point belles, & ſont très-lourdes. Cet
ordre Toſcan regne autour de l'édifice à l'extérieur. Il paroît que l'ordre de deſſus étoit Dorique, & on voit au haut de ce reſte de porte
une alette, où ſont un piédeſtal & une grande
partie de colonne, dont les tambours ſont dé-
rangés l'un de deſſus l'autre, & à côté un chapiteau Dorique, qui y eſt tombé, lequel eſt

d'un profil affez beau & régulier. Il y avoit fans doute quelqu'autre ordre élevé fur ceux-là : mais nous n'en avons vu aucun refte.

On voit à *Capoue* moderne quelques-unes de ces clefs d'arcades à bufte, attachées à des mai-fons.

Fin de la premiere partie.

VOYAGE

D'ITALIE.

SECONDE PARTIE.

NAPLES.

LE PALAIS DU ROI. Sa façade est d'un goût sage & grand : seulement il y a trop de consoles sous les balcons. L'intérieur de la cour est composé de deux portiques à arcades, l'un sur l'autre. L'escalier est grand , d'une belle proportion, & susceptible d'être magnifiquement décoré : jusqu'à présent il ne l'est point. Les rampes font ressaut dans leurs retours , défaut qui est fort mal racheté par les mascarons colossaux , qui lient ces appuis. Ce bâtiment , quoique très-confidérable, n'eft, dit-on, qu'une partie du grand projet que l'architecte avoit imaginé.

La chambre à coucher du Roi eft fort belle, décorée agréablement & de bon goût par des pilaftres de glaces, dont les ornemens & les corniches font dorés, avec des miroirs entre deux. Il y a trois alcoves, dont la grande eft décorée d'un plafond de *Solimeni*, de fes derniers temps : il eft très-foible, & fort incorrectement defliné. Une des petites eft ornée d'un plafond de *Francifchello delle Mura* : il eft mieux, quoique fort maniéré.

Comme nous nous fommes trouvés à *Naples* au commencement de l'hyver, les appartemens étoient déja préparés pour cette faifon ; & par un effet de la pareffe & du peu de goût de ceux qui ont foin de les meubler, les tapifferies étoient tendues pardeffus les tableaux. Ainfi les morceaux ineftimables que le Roi y conferve, fe trouvoient cachés par de vieilles tapifferies, qui ont pu être en quelque eftime autrefois, mais qui maintenant que ce talent a été perfectionné, ne méritent aucune attention (1).

Nous avons vu cependant une falle peu éclairée, où il y a quelques tableaux, entr'autres un qui

____

(1) C'eft furtout en France que ce talent a été perfectionné. La Manufacture des Gobelins, & celle de Beauvais, s'y diftinguent par une très-belle exécution.

paroît fort beau : c'eſt un Saint Pierre qui préſente à Jeſus-Chriſt une monnoie qu'il a péchée (demi-figures de grandeur naturelle). Il eſt fort noir, mais d'une maniere très-ferme, & d'une couleur vigoureuſe : il pourroit être de *Lanfranco*, & tient de la maniere de peindre du *Feti*.

Un autre, qui n'eſt en quelque façon que broſſé (demi-figures) : c'eſt encore un Saint Pierre à genoux devant Jeſus-Chriſt. On ne voit que la tête & les épaules de Saint Pierre ; les têtes, qui ne ſont que pochées, ſont faites de très-bonne intention, & en grand maître.

On paſſe par une ſalle où il y a pluſieurs grands tableaux de batailles, dont deux, entr'autres, paroiſſent beaux : ils peuvent bien être du *Bourguignon*.

Dans l'un eſt un fort ou fabrique antique.

Celui de la bataille des Amazones, qui eſt vis-à-vis, n'eſt pas ſi beau, & eſt une imitation preſque copiée de celle de *Rubens*.

Dans une autre ſalle il y a un plafond de *Solimeni*, à freſque, d'une fort belle couleur. Il imite beaucoup celui d'*Andrea Sacchi*, qui eſt à Rome, au palais *Barberini*, ſoit pour la figure principale, ſoit pour le ton général du tableau. Les grouppes qui poſent ſur la corniche, ne ſont pas ſi beaux que le reſte.

On voit dans deux salles, des plafonds anciens, repréfentant diverfes actions des Souverains de Naples. Quoique ces tableaux ne foient pas compofés, ni drapés d'une maniere fort élégante, il y a cependant des beautés, & entr'autres plufieurs têtes qui font belles & d'une couleur vraie & naturelle.

Il y a deux tableaux de *Panini*, qui ne font pas beaux, furtout celui qui repréfente l'églife de Saint Pierre de Rome, dont les figures font ridiculement trop grandes, & font paroître cette vafte églife comme une petite chapelle : d'ailleurs ils font de mauvaife couleur, trop clairs & tenant de l'éventail.

Dans la galerie d'en bas il y a une quantité affez confidérable de tableaux.

Un tableau de *Pietro da Cortona* (figures grandes comme nature), où l'on voit une Vierge avec des enfans. Ce tableau eft d'un pinceau facile, peu rendu, & en beaucoup d'endroits ne paroît qu'une ébauche avancée. La tête n'eft pas noble, mais elle eft jolie; le vifage eft court, & les traits élargis, phyfionomie très-ufitée à ce maître, & que l'on reconnoît partout dans fes ouvrages ; l'ajuftement eft ingénieux, & avec une efpece de mouchoir de couleur de biftre, qui lui eft très-ordinaire. Ce tableau n'eft pas du plus beau de ce peintre, quoiqu'il y ait beaucoup de chofes gracieufes.

Un portrait de Pape : on ne fçait fi c'eft l'original de *Raphael*, ou la copie d'André *del Sarte.* Il y a trois ou quatre figures vêtues de rouge, mais dont les étoffes font très-bien variées. La table eft auffi couverte d'un tapis rouge : tout cela fait néanmoins très-bien fon effet. Le camail du Pape, de velours rouge, imite très-bien la nature de cette étoffe, & les manches de linge font d'un pinceau large & très-facile ; ce qu'on trouve rarement dans ces maîtres. La tête du Pape n'eft pas la plus belle ; il y a quelque chofe de noir dans l'enfoncement des yeux, qui n'eft pas agréable. La tête de l'homme qui eft à fa droite, eft très-bien peinte & bien deffinée ; la phyfionomie en eft baffe, mais c'eft un portrait.

Une Leda, du *Tiziano.* La tête n'en eft pas de la plus grande beauté ; le corps eft deffiné avec beaucoup de vérité & une molleffe de chair fort belle ; la couleur, quoiqu'elle foit vraie, ne femble cependant pas affez fraîche, & les ombres paroiffent d'un noir un peu fale : néanmoins c'eft un bien beau tableau.

On voit du même maître une Vénus & Adonis. Ce même tableau fe trouve en plufieurs endroits, en Italie & en France. Celui-ci eft fort beau,

& paroît bien original : il eſt d'une très-belle couleur.

Il y a quelques portraits auſſi du *Tiziano*, qui ſont
fort beaux , entr'autres un d'une jeune femme
tenant un ſinge ou autre animal (on ne ſe ſouvient
pas bien quel il eſt), qui lui deſcend de deſſus
l'épaule ſur les mains. Ce portrait eſt de la plus
grande vérité ; il ſemble ſortir de la toile , & être
prêt à parler.

Trois tableaux du *Schidone* , dont l'un repréſente un Saint Sébaſtien couché ſur une pierre , &
vu en raccourci : quelques perſonnes lui ôtent les
fleches dont il a été tué. La compoſition de ce tableau eſt très-ingénieuſe , de grande maniere &
de peu de figures. La couleur en eſt vigoureuſe,
les ombres très-brunes , & en général trop noir-
cies. Ce maître tient beaucoup du *Guercino* & de
M. A. da Carravagio : cependant les têtes ne ſont
pas rendues avec de ſi beaux détails , & ſont faites
à peu-près & ſans beaucoup de choix.

Un autre du même maître : on ne ſe ſouvient
plus du ſujet. Il paroît que c'eſt une Sainte Famille , avec Saint Joſeph aſſis ſur le devant du tableau : il eſt bien compoſé , mais très-incorrecte-
ment deſſiné ; quelques têtes ſont de beaucoup
trop groſſes. Il y a de l'effet , mais un effet dur,
par l'oppoſition d'ombres très-noires à côté des

plus grandes lumieres ; on y voit des vérités de nature, mais d'une nature baſſe.

Un troiſieme tableau du même maître, où il y a un Saint Diacre. Ce tableau eſt beaucoup plus correctement deſſiné, mais toujours dur d'ombres & de lumieres. Les tableaux de ce peintre ſont rares, & on ne ſe ſouvient pas d'en avoir vu ailleurs.

Un tableau de Luc *Giordano*, bien peint : les ombres en ſont trop noires, mais il y a de fort belles demi-teintes.

Un tableau dit d'Annibal *Carracci*, repréſentant une Vénus vue par le dos, avec un Satyre & deux petits enfans, demi-figures. Ce tableau eſt fort beau ; le dos de cette femme eſt deſſiné de grande maniere, & avec la plus grande vérité ; la tête en eſt belle & jolie, & la couleur en eſt ſi belle qu'elle s'oppoſoit à ce qu'on le crût du *Carracci*, malgré l'aſſurance avec laquelle on l'affirmoit, ce maître communément n'étant pas célebre pour cette partie de la peinture. Le vermeil des chairs eſt de la plus grande beauté ; les demi-teintes ſont tendres, fraîches & belles, & les molleſſes de la chair y ſont rendues au degré le plus parfait. Ce tableau eſt ſi bien conſervé, qu'il ſemble preſque ſortir de la main du peintre. Les feſſes paroiſſent un peu trop vermeilles, &

l'emmanchement du bras droit avec l'épaule, a quelque chose qui n'est pas heureux. On est d'autant plus surpris de voir le *Carracci* d'une si belle couleur, qu'il y a dans la même chambre un tableau de lui, représentant une femme couchée (il paroît que c'est une Vénus), avec plusieurs petits enfans, qui, quoique dessiné sçavamment, de belle forme & de grande maniere, n'a point cette *morbidesse*, ni ces vérités aimables, & d'ailleurs il est d'une couleur triste & maussade (1).

Dans ces deux tableaux, les têtes des petits enfans, quoique très-bien dessinées, ne sont point agréables, & leur caractere n'est point d'un beau choix.

Un troisieme tableau du même maître, représentant un Christ mort, appuyé sur les genoux de la Vierge. Il paroît que ce tableau est le même que celui qui est à l'autel de la chapelle du palais Pamphile : cependant il est aussi d'une grande beauté, & paroît bien original. Les formes du dessein sont très-belles, & le caractere en est sçavant & naturel sans être chargé ; les expressions

____

(1) La vérité est que, quoique ce tableau soit très-beau, il ne peut être qu'une copie faite par quelque excellent peintre : on en voit l'original au cabinet de Florence. Il est admirable, & l'on y reconnoît bien mieux le *Carracci*.

font fortes ; il eſt peint moëlleuſement, & bien rendu ; la couleur a quelque choſe de ſombre & de fatigué.

Dans cette même ſalle il y a un portrait par Léonard *de Vinci*, qui eſt d'une vérité à tromper, ſoit pour la couleur, qui en eſt fraîche comme s'il venoit d'être fait, ſoit pour l'effet. Il eſt très-finement deſſiné, & fini comme il eſt ordinaire à ce maître.

Il y a encore deux ou trois tableaux de *Raphael*, dont quelques-uns ne ſont pas fort attrayans. Celui de la Sainte Famille eſt cependant très-beau & d'une fineſſe de deſſein admirable ; il eſt bien peint & très-fini ; la tête de la Vierge eſt gracieuſe, noble & belle. Il ſemble qu'il y a un peu de ſéche-reſſe dans le *faire*. Il ne paroît pas cependant que ce ſoit de ſa premiere maniere, lorſqu'il tenoit exceſſivement de *Pietro Perugino* : ce tableau eſt d'un meilleur temps.

Il y a une chambre où l'on voit pluſieurs *Baſ-ſans* : mais ils ne paroiſſent pas fort beaux, & il ſemble qu'ils n'ont pas ce gras & ce pâteux de pinceau, ni ces belles demi-teintes & cette viva-cité de couleur locale, qu'on voit dans pluſieurs tableaux de ces maîtres. Il paroît qu'ils ne ſont pas de Jacques *Baſſano*, qui étoit le meilleur. En gé-néral les tableaux de ces peintres ne ſont eſtimables que lorfqu'ils font dans leur plus grande beauté. Ils font fi baffement traités, & font prefque toujours fi noirs partout, qu'à moins que leur couleur ne foit à fon plus haut point de perfection, il refte peu de chofe à admirer.

On y voit un petit tableau du jugement dernier, que l'on dit de la main de *Michel-Ange:* quelques-uns prétendent que cela n'eft pas certain. Il eft très-fini, correct & fort dans la maniere de ce maître.

On affure davantage le deffein du même fujet, qu'on fait voir dans la même galerie ou bibliotheque : il eft également fort bien deffiné, mais très-fini ; ce qui femble donner lieu de douter qu'il foit original, parce qu'il ne paroît guere vraifemblable que *Michel-Ange* ait voulu fe donner la peine de faire un deffein fi foigné. Cependant, comme tous les deffeins qu'on voit de ce maître font très-proprement deffinés, cette raifon ne fuffiroit pas pour contefter fon originalité.

Il y a plufieurs deffeins, dont on dit quelques-uns de *Raphael :* mais n'en étant point averti, & ayant beaucoup de chofes à voir, on ne les a point affez confidérés pour en rendre compte.

Il y a encore plufieurs autres tableaux fort beaux, dans ce lieu, dont on ne fe fouvient pas : il y en a auffi beaucoup de médiocres.

On y voit un médaillier dont on vante la curiofité : il s'y trouve beaucoup de médailles estimables du côté de l'art.

On montre un recueil de *Camées* fort rares. Il
y en a quelques-uns, mais en petit nombre, qui
font affez beaux du côté de l'exécution. Au refte
la plus grande partie eft de figures mal-enfemble,
& d'un travail fini mefquinement.

On vante beaucoup, entr'autres, une tête d'Au-
gufte, mais elle paroît d'un travail très-froid &
très-fec. Il femble que la plûpart de ceux qui ont
travaillé dans ce genre, étoient des gens de talent
médiocre, & qui fouvent ont pour mérite le plus
grand, l'art d'avoir fçu travailler une matiere difficile.

On fait remarquer une coupe ou taffe d'agathe,
qui peut avoir huit pouces au moins de diametre :
c'eft une chofe très-rare qu'un morceau fi grand
de cette matiere. Elle eft travaillée d'une maniere
affez moëlleufe ; mais la tête de Médufe, qui eft
deffous, n'eft pas fort belle, & le bas-relief qui
eft dedans, ne vaut rien : il eft de très-mauvais
goût.

On montre un livre peint en miniature par
Macedo, éleve de *Michel-Ange*, il y a deux cens
ans. C'eft une chofe très-curieufe, foit pour le
fini & la patience, foit pour le deffein, qui en gé-

néral eſt ſçavant & fin, quoiqu'un peu maniéré dans le goût de ce temps. Ce qu'il y a de plus admirable, ce ſont les figures en cariatides, & les ornemens de tous les genres, qui ſont faits avec tout l'eſprit poſſible, & compoſés de très-bon goût; petits bas-reliefs, camées imités, fleurs, oiſeaux, figures, tout eſt très-bien & ſçavamment deſſiné.

Les ſujets d'hiſtoire de ce livre ſont compoſés d'une maniere froide & ſéche, avec peu de goût, d'une couleur entiere, & qui n'eſt point rompue dans les ombres; peu de facilité, point de hardieſſe de pinceau : il y en a beaucoup davantage dans les ornemens ou figures qui en ſont la bordure. Les payſages ne valent pas grand-choſe, & ſont d'une couleur fauſſe & tous bleus.

Le Dôme ou Cathédrale, dit S. Gennaro. Dans le chœur on voit deux grands tableaux, dont l'un du chevalier *Conca*, repréſente une Proceſſion, où l'on porte des reliques. La compoſition en eſt d'un génie aſſez beau & fertile. Il eſt peint avec propreté, & d'un pinceau agréable. Les draperies en ſont ingénieuſes & bien exécutées : mais le tout eſt généralement d'une maniere petite & trop jolie. Toutes les têtes d'hommes ſont trop agréables, & d'un caractere meſquin ; la couleur en eſt fort maniérée, & ſent trop l'éventail. L'autre repréfente une armée & un Roi mis en fuite par deux Saints Evêques qui font en l'air : il eft beaucoup moindre & très-médiocre.

Au fanctuaire on voit deux colonnes portant deux chandeliers, d'un marbre rouge, fort rare.

Le plafond de la nef eft de *Santa Fede*, peintre très-noir & d'un génie froid : d'ailleurs il n'eft point de plafond.

Les côtés de la nef font décorés de plufieurs tableaux (demi-figures) dans des ronds, & au deffus autant de tableaux en hauteur, figures entieres. Les premiers repréfentent plufieurs Saints Patrons de la ville de Naples ; & ceux de deffus, les Apôtres & les Evangéliftes. Tous ces tableaux font de Luc *Giordano*, & font fort beaux, ingénieufement compofés, d'une couleur vigoureufe & harmonieufe, d'une maniere grande, d'un pinceau moëlleux ; toutes les ombres font un peu trop du même ton.

Dans la croifée de l'églife, à droite, il y a encore deux tableaux du même maître, très-beaux; les couleurs locales en font belles & fieres, & les linges font peints d'une couleur très-brillante.

Au deffus de ces derniers font deux tableaux de *Solimeni*, bien compofés, & drapés d'un beau choix : mais les plis en font caffés durement, & les ombres trop noires & trop méplates. Au refte cette nef n'eſt pas heureuſement décorée par ces tableaux ; elle eſt toute blanche , & les tableaux y ſont des taches noires.

Dans cette même nef, à gauche, on voit un vaſe antique , de pierre de touche ſur un pied de porphire. Ce vaſe eſt d'une belle forme , mais la ſculpture qui le décore, n'eſt pas belle : ce ſont des attributs de *Bacchus.* Il eſt fort mal couronné par un couvercle moderne, de mauvaiſe forme , & travaillé de petits compartimens de marbre , de mauvais goût : il ſert pour les fonds baptiſmaux.

A l'entrée de cette nef, dans une chapelle à gauche, on voit un tableau de Marc *Pino ,* de Sienne, qui eſt aſſez ſçavamment deſſiné, correct, mais ſec. Il y a pluſieurs mauvaiſes têtes, & qui ſont mal enſemble : la couleur en eſt triſte & mauſſade.

Sous le maître-autel eſt une chapelle ſouterreine , dont l'architecture eſt d'une idée fort belle & fort ſage : elle eſt toute de marbre blanc ; les bas-reliefs d'ornemens ſont fort dans le goût de l'antique, & bien travaillés. La figure de marbre , d'un Cardinal à genoux , eſt belle, mais ſans fineſſe de détail, & les draperies n'en ſont pas bien travaillées.

A droite eſt une grande chapelle, ou plutôt

une petite églife : on la nomme le TRÉSOR. Le
tout-enfemble en eft fort beau ; elle eft ronde , &
contient fept autels ornés de colonnes de marbre
de *Brocatelle.* Il y a dans des niches vingt & une
ftatues de Saints , de bronze , qui n'ont rien de
fort beau. La coupole eft de *Lanfranco* ; elle eft
compofée d'un grand & beau génie , d'une maniere fiere & hardie , d'un choix de figures fingu-
lieres & deffinées d'un grand caractere. Les grouppes font bien enchaînés, mais il n'y a point d'effet
de lumiere ; la couleur en eft bonne , quoique fans
harmonie. Les angles de cette coupole font du
Dominicho ; ils repréfentent des Saints volans &
foutenus par des figures allégoriques , repréfen=
tant des Vertus. Ils font bien deffinés ; les figures
ont des graces fimples & naïves : il en eft de
même des ajuftemens. Les grouppes d'enfans font
dans des attitudes très-naturelles & fans maniere.
Au refte il n'y a point d'effet, tout eft plat &
d'une couleur très-foible ; le pinceau même en
eft fec. Tous les tableaux qui font dans les arcs,
& à prefque tous les autels, font du même ; ils
ont pour la plûpart les mêmes beautés & les mêmes défauts : il y en a cependant plufieurs qui
font ingénieufement compofés , & avec feu.
Ce maître eft ici fort inférieur à ce qu'il eft à
Rome , à Saint André *della Valle* , à Saint Louis
& à Saint Grégoire.

A un de ces autels, à droite, eft un tableau qui paroît être de l'*Efpagnoletto* : il repréfente un Saint Evéque lié, fortant d'une fournaife. Il eft fort beau, bien compofé, & d'un génie fingulier, d'une très-belle couleur, & peint d'une maniere large, facile & moelleufe. Les bourreaux renverfés aux pieds du Saint, font grouppés d'une façon très-pittorefque. La tête du Saint n'eft pas d'un beau choix, & n'a point de nobleffe. Il y a encore dans la facriftie de cette chapelle quelques tableaux dont on ne fe fouvient pas, mais qui méritent d'être vus.

S. Philippe de Neri. Cette églife a été bâtie par *Girolamini di Bartolomeo* : elle eft belle & richement décorée. La nef principale eft portée de chaque côté par fix colonnes de granite, d'une feule piece. La maffe générale du portail, qui eft revêtue de marbre blanc, eft fort bonne, & préfente un bel afpect : c'eft dommage que la porte principale foit affommée par un mauvais fronton, & que les niches & autres ornemens particuliers de ce portail foient de mauvais goût.

Le grand fronton d'en haut eft mal-à-propos coupé par un couronnement en attique, où eft une Vierge d'affez mauvaife fculpture.

Le tableau du maître-autel n'eft pas mauvais.

A gauche

A gauche on voit une grande chapelle de deux
ordres l'un sur l'autre, d'une fort belle architecture. Les figures de sculpture, qui sont dans les
niches, ne sont pas belles, & sont drapées d'un
goût sec & petit.

A l'autel il y a un tableau de *Pomarancio*, représentant la naissance du Sauveur. Ce tableau est
dans une maniere un peu molle & indécise; il
semble qu'il y regne un brouillard : il est cependant en général d'un assez bon ton de couleur. La
tête de Vierge est très-gracieuse, & d'une couleur
claire; l'Enfant Jesus n'est point beau.

Celui d'en haut représente l'Ange annonçant
aux bergers la venue de Jesus-Christ : il est d'une
maniere plus fiere, & composé de peu de choses.

Entre le sanctuaire & cette chapelle est une petite chapelle en deux parties. La premiere est un
quarré tout décoré de peintures; la seconde, un
sanctuaire avec une petite coupole : le tout peint
par *Solimeni*. Toutes ces peintures sont d'une
couleur extrêmement fraîche & gracieuse; les
ajustemens des figures sont bien drapés, & la composition des grouppes est ingénieuse. La grande
coupole représente S. *Philippe de Neri* dans la gloire : tous ces morceaux sont d'une couleur légere;
il y a peu de vérité, mais beaucoup d'art. Tous
les sujets représentent diverses actions du Saint, &

les angles, des figures de Vertus. La petite coupole furtout, qui eft une Gloire d'enfans, eft très-bien, & paroit d'une couleur plus vigoureufe que le refte.

Le tableau d'autel eft une mauvaife copie d'après le *Guide*.

De l'autre côté, à droite, après le grand autel & le fanctuaire, & avant la chapelle de la naiffance du Sauveur, il y a une petite chapelle en pendant de celle de Saint *Philippe de Neri*, où l'on voit une coupole à frefque, de *Simonelli*, qui repréfente Judith tenant la tête d'Holopherne, & la montrant à toute l'armée, qu'elle effraie par cette action; le Pere éternel eft témoin de ce fait, avec plufieurs Anges: ces figures font bien compofées. Quoique ce fujet ne foit pas commode à mettre en plafond, cependant il eft affez bien traité, & les défauts de vérité, qui s'y trouvent par rapport à ce point de vue, ne font pas abfolument choquans. Ce plafond eft d'une couleur agréable, & d'un pinceau léger. Il eft ingénieufement compofé, & la machine générale en eft bonne : elle n'eft cependant pas d'un génie neuf, & les Anges, qui vraifemblablement font du même, montrent qu'il n'étoit point deffinateur ; car ils font incorrects, & les plis des draperies ne font pas bien formés. Ils ont au premier coup d'œil quelque chofe de bon, mais ils font très-mal deffinés, & la couleur n'eft pas affez bonne pour compenfer ce défaut.

On voit dans une chapelle à gauche, vers le haut de la nef, un Saint François, du *Guide*, figure feule, digne d'admiration; l'expreffion de la tête eft belle, & les mains furtout; la droite particuliérement eft admirable. La couleur de ce tableau eft grife, comme dans beaucoup d'autres du même maître: cependant l'harmonie du tout eft belle. Il paroît un peu noirci, & d'ailleurs il eft dans un endroit obfcur.

A droite, auffi en haut de la nef, eft un tableau repréfentant des Religieufes tenant un Chrift naturel en croix. Ce tableau eft fort beau; les têtes en font belles & gracieufes. On ignore le nom de l'auteur: il pourroit bien être de *Giordano*. Il eft tout-à-fait dans le goût, & auffi beau qu'un *Pietro da Cortona*, quoiqu'un peu gris: il eft peint en grand maître.

A droite, au commencement de la nef, on voit Saint Alexis mourant, avec une Gloire & des Anges qui le confolent, de *Pietro da Cortona*. Les têtes en font gracieufes & coeffées ingénieufement, comme il eft ordinaire à ce maître. Les Anges font moins qu'adolefcens; il y a peu de fineffe de détail, mais beaucoup de graces. Les linges de l'Ange principal, qui en eſt preſqu'entiérement vêtu, ſont à plis ronds, & d'une maniere un peu molle, qui eſt le défaut ordinaire de ce peintre. La draperie rouge du Saint incommode un peu le nu : c'eſt d'ailleurs un très - beau tableau, ſurtout la partie de la Gloire.

Au deſſus de la porte, en dedans de l'égliſe, eſt un grand tableau en détrempe, de Luc *Giordano*. Il repréſente les Vendeurs chaſſés du temple : c'eſt une grande & belle machine de compoſition. Tous les groupppes ſont bien enchaînés les uns aux autres, & le plan en eſt ingénieux & grand. La Gloire de petits Anges, qui eſt en haut, eſt d'une couleur très-belle & très-céleſte. Ce tableau eſt d'une aſſez belle harmonie, mais il ſemble qu'il y a une monotonie de tons rouſſeâtres dans tout le tableau, ſurtout dans les ombres, qui le fait paroître un peu tout d'une couleur. Au reſte il y a de grandes maſſes d'ombres, qui devroient donner un grand effet à ce tableau, qui d'ailleurs eſt bien compoſé pour la diſtribution des ombres & des lumieres ; & cependant elles n'en font que peu, parce que toutes ces ombres ont une force & une couleur ſemblable. Il paroît encore qu'il ſeroit à déſirer que les figures des groupppes ne fuſſent pas toutes ſi également reſſerrées en elles-mêmes, qu'elles ne ſemblaſſent pas ſe gêner pour ne tenir chacune

que peu de place dans le tableau, & qu'on en devroit voir en quelques endroits quelques-unes qui
fuſſent plus élégamment développées. Il y a encore un défaut de compoſition dans ce tableau,
eu égard à la place où il eſt. La porte de l'égliſe
s'éleve au deſſus du bord d'en bas du tableau, &
entre beaucoup dans ſon intérieur. Cette ſujétion
eſt une difficulté que l'on ne peut bien ſauver
qu'en trouvant un maſſif ſolide ſur le bord du
devant du tableau, auquel le chambranle de la
porte paroiſſe immédiatement attaché, & dans
lequel elle ſemble creuſée. Le *Giordano* a ſauvé
en partie ce défaut, en faiſant porter une ombre
ſur le maſſif ſolide de l'eſcalier qui eſt au fond,
comme s'il y avoit une couverture à la porte, &
des murs continus juſques-là, qui ſont cachés par
le chambranle de la porte, le point de vue étant
ſuppoſé au milieu : mais le premier coup d'œil
préſente toujours l'idée d'un vuide, d'autant que
ce ſolide ſuppoſé, paroît poſtiche & fait exprès
pour n'avoir point de reproches, ne ſe liant pas
d'une maniere naturelle avec l'architecture du
tableau. Le devant du tableau commence aux
deux côtés de la porte par un plan fuyant, aſſez
profond. Il y a enſuite des marches qui, étant
coupées par cette porte, ſe continuent après avoir
été ſuppoſées paſſer parderriere. Or cette porte

étant un percé, cela fait naître le defir de les voir continuer par fon ouverture. Quoique la peinture, dans ces grands objets, ne puiffe pas atteindre à un degré d'illufion capable de tromper les hommes, ce doit toujours être fon but, & le peintre ne doit rien faire volontairement qui détruife l'erreur, puifqu'il tâche de l'exciter dans tout le refte par le deffein & la couleur. Dans cette occafion l'illufion eft détruite, puifque la porte étant une ouverture, on devroit voir par cette ouverture les objets que le tableau indique, continués derriere. D'ailleurs le chambranle de la porte s'élève feul, fans être foutenu, ni accompagné de rien ; ce qui eft maigre & d'un mauvais effet, & fait voir que cette porte a gêné le peintre, & qu'il n'a point fçu l'adapter à fon fujet. Autre défaut contre la perfpective & l'illufion : on voit le deffus du terrein dans ce tableau, qui eft cependant fort au deffus de la vue. Les peintres, même les plus excellens, n'ont ordinairement point eu affez d'égard à cela, & on voit peu de tableaux qui foient bien faits pour la place qu'ils occupent.

Dans une chapelle à gauche, on voit trois tableaux de *Giordano*: ils repréfentent des actions du Saint. Celui de l'autel paroît être une entrevue de Saint *Philippe de Neri* avec Saint Charles

Borromée. Ils font beaux, mais un peu noirs.

Il y a deux autres tableaux dans cette même église, & dans les chapelles de la nef, du même *Giordano*, dont l'un repréfente Saint Janvier foulant aux pieds un lion, & l'autre, Saint Nicolas de Bari, à qui un enfant baife les pieds.

Dans la facriftie de cette églife, il y a plufieurs beaux tableaux de grands maîtres.

Dans le petit oratoire on voit un tableau de *Guido Reni* : il repréfente un Jefus adolefcent, & un Saint Jean à peu-près de même âge. Ce tableau eft admirable ; il eft deffiné avec la plus grande fineffe ; les têtes en font parfaitement belles & remplies de graces ; la couleur des chairs eft grife, fans cependant que les ombres tirent fur le verd, comme il arrive fouvent à ce maître : elles font d'un gris argentin, qui a beaucoup d'agrément. Il y a une belle variété de couleur dans la différence des chairs de ces deux figures ; les draperies en font touchées d'une maniere nette, & font bien formées. C'eft un des plus précieux tableaux de ce maître, & par conféquent un des plus beaux qu'on puiffe voir : on ne peut trop l'admirer.

Une fuite en Egypte, du *Guide*, demi-figures, la même qu'on voit au palais Colonne, à Rome. Ces tableaux paroiffent cependant également ori-

ginaux : celui-ci eſt de la plus grande beauté, &
d'une exécution parfaite. La compoſition en eſt
très-belle, & il eſt drapé avec beaucoup de déli-
careſſe. La tête de Vierge eſt d'une fineſſe & d'une
beauté admirables ; les mains ſont belles. Ce que
ce tableau a de ſingulier, c'eſt qu'il eſt en général d'un ton de couleur très-roux. C'eſt apparemment une des premieres manieres du *Guide* : il
eſt noirci.

Une tête de vieillard, petit tableau, qui paroît
être du même maître, belle & de ſon ton gris.

On dit qu'il y a dans cette ſacriſtie quelques
morceaux du *Dominichino* : mais on ne reconnoît
ſa maniere dans aucun de ces tableaux.

Un Jacob luttant avec l'Ange (demi-figures),
qui eſt fort beau.

Un autre tableau, où l'on voit un homme ren-
verſé à terre : on ignore le nom des peintres.

Un Saint André, de l'*Eſpagnoletto* (demi-
figure, grandeur naturelle): c'eſt une très-belle
choſe.

Preſque tous les tableaux qui ſont dans cette
ſacriſtie, ſont beaux. On dit qu'il y en a du *Giu-*
ſeppino & des *Baſſani.*

S. LAURENT. On voit à droite & à gauche du
ſanctuaire, ſur le mur & fort haut, deux tableaux
(figures beaucoup plus grandes que nature),

l'un repréſentant le martyre de Saint Laurent, &
l'autre, le même Saint vêtu en Diacre, & diſtri-
buant les aumônes. Celui du martyre eſt très-
beau, d'une maniere fiere & grande, deſſiné de
grand caractere & ſçavamment, bien compoſé
de peu de figures qui rempliſſent bien le tableau ;
la couleur eſt bonne, bien reſſentie, & faiſant un
effet ſenſible. Il y a un petit Ange au haut, qui
eſt très-beau, & d'une couleur claire & gracieuſe,
comme s'il étoit du *Guide*. L'autre tableau paroît
du même auteur, & quoique moins parfait, il
a de fort belles choſes. La tête du Saint Diacre
n'a point de nobleſſe, & eſt trop groſſe : on
ignore le nom du peintre.

Dans une grande chapelle à gauche, qui a une
petite coupole, & dont l'architecture eſt aſſez
belle (il paroît que c'eſt la chapelle du Roſaire),
ſont deux grands tableaux, qui ſemblent être de
la même main.

L'un repréſente une Sainte Religieuſe couronnée; deux petits enfans à ſes côtés, tiennent les
inſtrumens de ſon martyre ; elle regarde une
Sainte Vierge dans la Gloire ; à ſes pieds & autour
d'elle ſont pluſieurs Religieuſes.

L'autre repréſente un Chriſt en croix, environné d'Anges ; à ſes pieds & autour de lui ſont
pluſieurs figures d'Evêques & de Moines ; dans le

fond , des Evêques aſſis & comme aſſemblés. Ces deux tableaux ſont très-beaux , bien deſſinés & faits avec une grande fierté de pinceau ; les ombres en ſont vigoureuſes , & peut-être un peu trop noires ; les têtes , ſurtout celles des Religieuſes , ſont très-belles , & d'un bon ton de couleur. Ils ſont bien compoſés , bien grouppés & d'un bon effet. On ignore le nom de l'auteur : ils paroiſſent d'un ton tenant du *Valentin.*

On voit deux autres tableaux de moyenne grandeur ; l'un eſt un Chriſt, l'autre une Sainte Vierge: ils ſont aſſez bien. Les peintures de la petite coupole ne ſont point bonnes.

Un tableau à gauche , où il y a un Cardinal avec le camail rouge , qui paroît être Saint Janvier : on le croit de Luc *Giordano,* & il eſt fort beau.

Sᴀɪɴᴛᴇ Cʀᴏɪx ᴅᴇ LᴜQᴜᴇs. Il y a deux grands tableaux modernes : l'un repréſentant Sainte Hélene à genoux , qui fait élever la croix ; l'autre , la croix élevée , que l'on adore. Ce ſont de grandes compoſitions & nombreuſes de figures ingénieuſement grouppées , dans le goût & de l'école de *Solimeni.* La couleur n'eſt point vraie, & eſt trop belle. Les reflets ſont de trop belle couleur & trop clairs ; ce qui eſt cauſe que ces tableaux ne font point d'effet.

S. François Xavier. Au maître-autel on voit un tableau qui paroît être de *Giordano*, repréfentant Saint François Xavier baptifant des Indiens. Il eft bien & ingénieufement compofé, avec de bonnes maffes de lumieıe & d'ombres ; la couleur eft agréable ; les ombres font grifes & harmonieufes ; la maniere eft un peu mefquine & trop propre.

Le tableau ancien qui eft à l'autel, dans la croifée de l'églife, à gauche, a de fort belles chofes ; la figure du Pere éternel eft bien trouvée, & préfente un afpect affez grand ; les petits enfans font beaux, & pour la plûpart gracieux & bien coëffés. La maniere tient un peu de *Rubens*. Il ne fait pas grand effet, & la compofition n'eft pas propre à en faire beaucoup.

A l'autel vis-à-vis, il y a un tableau qui a de bonnes parties, telles que la figure du Pere éternel, qui eft ingénieufement tournée & peinte d'une maniere fuave & moëlleufe ; la tête du Saint eft mauvaife, auffi bien que les petits enfans qui font en bas. Prefque toutes les peintures des plafonds de cette églife font de Paul *Matheis* : elles font bien compofées, & il y a une affez belle harmonie ; mais elles font peu d'effet par le manque de grandes maffes. Ce peintre a le défaut, dans la plûpart de fes ouvrages, que fes ombres ne font point rompues, & qu'elles font la même teinte que fes lumieres , feulement plus forte dans la même couleur ; ce qui les rend foibles de coloris, & fait que fes draperies de diverfes couleurs, font des taches les unes auprès des autres.

On voit aufſi quelques grifailles de bonne maniere.

Au Saint-Esprit. La voûte du fanctuaire ou chœur de cette églife, paroît de Luc *Giordano*. Il y a de très-bonnes chofes , & un mélange ingénieux de grifaille & de peinture colorée : mais en général il y a trop de peinture, & il n'y regne point de repos.

A l'autel , dans la croifée de l'églife , à droite, il y a un excellent tableau de Luc *Giordano* , qui repréfente une Vierge fous un dais, tenant un rofaire ; on voit à fes pieds Saint Dominique & une Sainte Religieufe. Ce tableau eſt d'une belle compofition ; la Vierge eſt dans une attitude trèsnoble & majeſtueufe ; les têtes font très-belles, & ont beaucoup de graces , furtout celle de la Sainte Religieufe. Il eſt peint d'un pinceau facile , très-moëlleux & fondu , & l'accord général, l'effet & l'harmonie du tableau font le plus grand plaifir : cependant il femble qu'il y a un peu trop de monotonie, & que les ombres, qui font d'un gris noirâtre, sont un peu trop toutes de la même couleur.

Le tableau de Paul *Matheis*, qui est à l'autel vis-à-vis, n'est point beau ; la Vierge est laide ; il est fort mal dessiné, noir & dur. Toute la nef est décorée de fresques ou détrempe de ce peintre. Les figures sont assez gracieuses & ingénieusement tournées : mais la couleur en est très-foible, soit que le temps l'ait fait évaporer en partie, & aussi à cause qu'il ne rompt point ses ombres.

S. Louis du Palais, ou S. François de Paule. Le tableau derriere le maître-autel, est de Luc *Giordano* : il représente un Saint Michel terrassant le diable. Il paroît fort imité de celui du *Guide*, & n'est que médiocrement beau ; les peintures de la voûte de ce sanctuaire, qui sont du même peintre, ne sont aussi que médiocres.

Les tableaux des côtés du chœur, sont encore du même.

La coupole, qui est de *Maria*, est une assez mauvaise chose, aussi bien que les autres peintures du même auteur, qui sont dans cette église. Pareillement il y a de mauvaises peintures de *Farelli*.

Dans l'attique de la nef, il y a plusieurs tableaux représentant divers miracles de Saint François. Ces tableaux sont composés de grande & bonne maniere , ils paroissent peints largement & de bonne façon : mais ils sont fort noirs.

Dans la premiere chapelle , à droite , il y a deux petits tableaux de *Solimeni* , chacun d'une seule figure de femme. Les têtes en sont gracieuses ; ils sont bien drapés & bien composés ; les ombres sont trop noires , & tranchent trop.

Sainte Marie Majeure. On y voit un tableau à gauche de la nef, représentant la Vierge , Sainte Anne & plusieurs Anges , d'un ton de bon maître. La tête de Vierge est gracieuse , & la Sainte Anne allez bien. Il est en général mal dessiné. Il y a quelques grouppes assez bien retournés.

S. Pietro a Magella. Il y a quelques arcades, où sont représentés des Evêques : ces peintures paroissent de l'école de *Solimeni* , & sont assez bien ; la couleur en est gracieuse.

Sainte Marie des Ames du Purgatoire. Au maître-autel est un tableau représentant la Vierge qui délivre les ames du purgatoire , de *Massimo* , fort bon.

S. Paul le Majeur. Au portail il y a deux colonnes & quelques bases, qui sont des restes d'un temple de Castor & Pollux.

A la chapelle Sainte Agathe , on voit quelques statues de *Falconi* , qui sont passables , proprement travaillées & allez bien drapées , mais trop doucereusement traitées.

La facriftie eft toute peinte par *Solimeni*. Les deux tableaux principaux font la Converfion de Saint Paul, & Simon le Magicien, enlevé en l'air. Il y a beaucoup de génie, mais peu d'effet, & la couleur en eft trop belle. Ce qu'il y a de plus beau, ce font les petits plafonds repréfentant des fymboles de vertus fous des figures de femmes. Il y a des têtes très-belles & très-gracieufes; la couleur en eft plus vigoureufe; elles font finement deffinées, très-bien ajuftées, & tout-à-fait dans le goût de *Pietro da Cortona*, mais plus correctes.

LE MONT DE LA MISÉRICORDE. Le tableau du principal autel eft de *M. A. di Caravagio* : on n'en a pu deviner le fujet. Il y a des anges en haut; à droite, une femme qui allaite un vieillard, un flambeau, &c. Ce tableau eft fort beau, mais très-noir.

Il y a un tableau qu'on dit de *Giordano* : c'eft un Chrift enfeveli, compofé dans le goût du *Caravage*. Ce tableau eft beau, bien peint, mais trop fondu : il femble qu'on le voye à travers un brouillard.

Le premier à gauche, en entrant, eft de Louis *Roderic*, furnommé le *Sicilien* : il eft fort dans le goût du *Caravage*, bien compofé, un peu fec & fort noirci.

LES SAINTS APÔTRES. Tout le plafond de cette

églife, nef, chœur & croifées, eft peint à frefque par *Lanfranco*, excepté la coupole, qui eft de *Benafchi.* La voûte de la nef a plufieurs grands tableaux, qui repréfentent quelques Apôtres martyrifés. Ils ne font point de plafond. Cette même voûte eft ornée de figures particulieres de Saints de l'ancien teftament, traitées de plafond. La voûte du chœur repréfente des Saints du nouveau teftament ; aux angles de la coupole font les quatre Evangéliftes. Dans les croifées, on remarque deux petits plafonds ovales ou ronds, très-bien de plafond. Les fujets en font deux Prophetes volans, Saint Pierre & Saint Paul, auffi enlevés en l'air. Tout cela eft mêlé de figures, feintes de *Stuc.* Tous ces morceaux de *Lanfranco* font compofés avec une hardieffe, un feu & un génie admirables ; la maniere en eft fiere & terrible ; la couleur, belle & fraîche ; le deffein, du plus grand caractere, mais quelquefois incorrect & outré. Cette voûte eft très-ornée par la beauté de ces peintures : on pourroit feulement fouhaiter qu'elles y fuffent répandues avec moins de profufion.

La grande chapelle, dans la croifée à gauche, toute du plus beau marbre blanc, feroit digne d'admiration, fi l'architecture n'en étoit pas de mauvais goût. On y voit des colonnes nichées, &

des

dès frontons brifés d'une maniere ridicule. Elle eft décorée de cinq tableaux en mofaïque, d'après le *Guide* : mais l'original y eft mal rendu, & la couleur en eft mauvaife, quoiqu'ils foient d'ailleurs eftimables pour la propreté du travail (1).

Le plus bel ornement de cette chapelle eft un bas-relief de marbre blanc, de François *Flamand*, qui eft admirable. Il repréfente un concert d'enfans ; il eft du plus beau fini, & il a toutes les vérités naïves que ce fculpteur a fi bien rendues dans les enfans, en quoi il furpaffe tous ceux qui en ont faits. La compofition de l'autel eft plus finguliere que belle ; c'eft une table arrondie, & dont l'épaiffeur eft ornée comme une frife Dorique, foutenue par deux lions, qui font paffablement bien.

Dans ces croifées font placés, fur les murs,

____

(1) On a depuis beaucoup perfectionné ce genre de peinture à Rome, quant à l'approximation aux véritables tons de couleur du tableau, & celui de Sainte Pétronille, d'après le *Guercino*, à Saint Pierre de Rome, eft ce que l'on voit de plus parfait en ce genre : cependant il eft vrai de dire que cela eft toujours bien inférieur aux tableaux originaux. C'eft, à parler en général, une imitation plus approchée que n'eft celle de nos tapifferies : peut-être la pourroit-on porter encore plus loin, fi ceux qui fe deftinent à ce genre, commençoient par fe rendre bons deffinateurs & bons peintres. Au refte cette peinture a de grandes difficultés, & eft importante, à caufe qu'elle eft inaltérable.

Tome I, Part. II. L

quatre tableaux de *Giordano*; dans celle à gauche, d'une part, est l'Adoration des Bergers; de l'autre, le Songe de Saint Joseph. Le premier est d'un grand effet, d'une couleur suave & fraîche. La Vierge a beaucoup de grace; elle est belle & jolie. L'autre ne paroît pas si bien, quoiqu'encore fort beau. La Vierge est aussi du ton le plus gracieux & le plus suave; mais le grouppe du Pere éternel a quelque chose de gris : le tout est cependant bien composé & bien ajusté.

Dans la croisée à droite, est la Naissance de la Vierge, d'une très-belle couleur, d'un ton roux & moins gris qu'il n'est ordinaire à ce maître. Ce tableau a toutes les graces de *Pietro da Cortona*; il est bien composé, & la Gloire est très-belle.

La Présentation de la Vierge au temple fait le sujet du quatrieme tableau : il est beau, suave, harmonieux; les têtes en sont gracieuses; la maniere est moëlleuse & fondue.

Les dessus des archivoltes de la nef sont peints par *Solimeni*. Ces morceaux sont beaux, bien dessinés : mais la couleur en est maniérée, & les ombres noires.

Il y a encore quelques bons tableaux dans les chapelles, entr'autres un Saint Michel combattant contre les diables, composé avec un feu admirable, deſſiné d'un caractere fort & ſçavant : c'eſt dommage que la couleur en ſoit jaune.

Un autre Saint Michel rendant graces à Dieu, moins beau.

Notre-Dame du Peuple, ou les Incurables. Il y a un tableau d'une Madone habillée à la gothique, & de mauvais goût ; mais les petits Anges qui ſont autour, ſont fort beaux : ils paroiſſent de *Giordano*. Ce pourroit être un ancien tableau, conſacré par la dévotion du peuple, que ce maître auroit reſtauré.

Il Gieſu nuovo, ou la Conception, maiſon profeſſe des Jéſuites : elle eſt très-belle pour le tout-enſemble de l'architecture. Au deſſus de la porte d'entrée, on voit un grand tableau de *Solimeni*, repréſentant Héliodore battu de verges : c'eſt une compoſition grande, nombreuſe de figures, & magnifique, bien agencée, les maſſes d'ombres & de lumieres bien diſtribuées, & cependant de peu d'effet. Le coup d'œil général de la couleur eſt d'un gris jaunâtre preſque partout ; les ombres ſont foibles & trop refletées ; le deſſein eſt maniéré, & en beaucoup d'endroits peu correct. Les peintures de la premiere voûte des bas côtés à droite, qui ſont du même, ſont beaucoup mieux.

La ſeconde voûte qui ſuit, eſt peinte par

Giordano : ce font des Vertus accompagnées d'Anges. Il y a beaucoup de graces dans la compofition , dans la couleur & dans le deffein.

A la feconde voûte des bas côtés , à gauche , il y a trois des quatre angles, qui font fort beaux, d'une maniere fimple & gracieufe , dans le goût de *Le Sueur.*

Dans la grande chapelle de la croifée à droite, dite de Saint François Xavier, il y a en haut trois petits tableaux de *Giordano* , fort beaux : l'un repréfente un Jéfuite qui baptife ; un autre, un Jéfuite , à qui une écreviffe de mer rapporte une croix ; enfin dans le troifieme, un Jéfuite portant trois grandes croix.

A l'autel de la croifée à gauche, les trois tableaux d'en haut font fort beaux ; ils font d'un ton de couleur vigoureux , & qui tient de *Rubens :* on les dit de Jofeph de *Ribera* , furnommé l'*Efpagnoletto.*

Les angles de la coupole font de *Lanfranco.* Ils font, comme tous les ouvrages de ce maître , d'une maniere hardie & très-grande, d'une couleur vigoureufe & belle , mais d'un deffein ftrapaffé & incorrect. La coupole étoit anciennement peinte par lui : mais elle eft tombée par un tremblement de terre. Celle qui y eft à préfent eft une compofition affez bien agencée, mais de peu d'effet.

Le portail de cette églife eft ridicule par la quantité de pierres taillées en pointe de diamans, qui font toute fa décoration.

SAINTE CLAIRE. On y voit un grand tableau, qui paroît de l'école de *Solimeni* : il repréfente une Gloire où eft le Chrift, Sainte Thérefe, & une Reine qui tient des fleurs dans fa draperie. Il eft compofé avec génie, quoique par petits grouppes trop égaux. Il y a des chofes gracieufes & finement deffinées ; la couleur eft trop fraîche, & tient de l'éventail, furtout dans les ombres, qui font auffi belles que les lumieres ; le pinceau en eft flou & doucereux.

Il y a un plafond qui paroît de la même main : il repréfente une Sainte Religieufe qui, avec le faint ciboire, met en fuite une armée. C'eft une affez grande machine de compofition, qui cependant n'eft point affez de plafond : la couleur a les mêmes défauts.

S. DOMINIQUE LE MAJEUR. Dans une chapelle à droite, à l'entrée de la nef, on voit un très-beau tableau de *M. A. di Caravagio* : il repréfente une flagellation. Il eft fort noirci ; la couleur eft belle, & il eft bien compofé.

On voit encore dans le fond du chœur de cette églife, deux peintures en hauteur, fort étroites, qui paroiffent fort belles & gracieufes.

S. Severin. La voûte de la nef est décorée d'un grand tableau de *Francifchello delle Mura* : c'eft une grande compofition ingénieufement grouppée, & riche de figures. La couleur en eft agréable, mais fauffe, & il n'eft pas affez de plafond. L'architecture peche beaucoup contre les loix de la perfpective ; les marches vues en deffous & en raccourci, demanderoient que les colonnes qui font deffus, fuffent auffi raccourcies, & elles ne le font point. Les fofites de la corniche ne font pas vus affez en deffous ; ce qui fait que tout le haut de cet édifice paroît prêt à tomber fur le fpectateur.

Le Mont sacré de la Piété. On y voit un tableau ancien de *Burghafio,* d'une maniere féche: mais il y a de fort belles têtes, bien deffinées, & d'un beau caractere. Il repréfente l'Affomption de la Vierge.

S. Grégoire ou S. Ligorio. On voit dans une chapelle de cette églife, deux fort beaux tableaux. L'un repréfente un Martyr que l'on defcend dans un puits. Ce tableau tient du goût de Paul *Veronefe.* Il y a beaucoup de vérités de nature, mais d'une nature ignoble, & le deffein en eft peu correct ; la maniere en eft moëlleufe, & le pinceau large ; la couleur belle & fraîche dans les lumieres, quoique ce tableau foit gâté par le temps : on le croit du *Calabrefe.*

L'autre repréſente un Vieillard debout, à qui l'on préſente un homme qui a la tête d'un ſan-glier : la tête du vieillard eſt belle. Ce tableau eſt d'une très-bonne couleur, & vigoureuſe : il tient du *Guercino*, du *Caravagio* & de Paul *Véroneſe*. Il pourroit bien être du même peintre que le pré-cédent, quoique la maniere en paroiſſe un peu différente.

Le reſte de cette égliſe, plafonds, archivoltes, &c. eſt décoré de quantité de peintures de Luc *Giordano*. Elles ne ſont pas pour la plûpart de ſon plus beau. Les figures ſur les arcs ou archi-voltes, ſont les meilleures. La coupole eſt aſſez belle : elle fait peu d'effet par le défaut de maſſes d'ombres.

N. D. DE L'ANNONCIADE. Sur deux arcades, dans le ſanctuaire, on voit deux peintures de *Lanfranco* : l'une repréſente Saint Joſeph dor-mant ; l'Ange lui annonce ce qu'il doit faire ; l'autre, une Vierge qui regarde ſommeiller Jeſus enfant : ils ne paroiſſent pas d'une beauté égale à quantité d'autres choſes de ce maître. Celui à droite ſemble ſupérieur à l'autre ; la Vierge eſt fort belle : ils paroiſſent noircis.

Aux deux côtés de la croiſée il y a deux grands tableaux : l'un de *Maſſimo*, repréſentant les nôces de Cana ; il eſt bien compoſé, deſſiné avec un caractere grand, la maniere ferme & les têtes belles ; l'autre, de *Crifcolo*, repréfente Jefus difputant avec les Docteurs, bien compofé, maniere ferme, beaux caracteres de têtes, & bien drapé. Une des principales figures a une draperie d'étoffes à fleurs, qui paroît déplacée, d'autant plus qu'elle eft feule de cette efpece dans le tableau.

A côté de ces tableaux il y en a plufieurs autres de *Giordano*, tous fort beaux : la Reine de Saba, la lutte de Jacob, l'Ange & Tobie, Jacob levant la pierre du puits, David jouant de la harpe, le Cantique de Marie, fœur de Moïfe. Le plus piquant de couleur & d'effet eft la Reine de Saba; la tête de la femme eft très-gracieufe ; le David eft auffi très-beau, & plus encore le groupppe d'Anges portant la Sainte Jérufalem.

Un autre tableau de la Préfentation de Jefus au temple, a auffi des beautés : il eft fagement & correctement deffiné, & eft affez bien compofé, quoique les grouppes paroiffent trop percés à jour ; mais le fujet ne femble pas traité avec affez de férieux. Il y a des épifodes puérils, tels que Saint Jofeph & un Prêtre courant après une colombe qui s'envole : d'ailleurs le Saint Simeon fe jette trop à l'Enfant Jefus, & on eft obligé de le retenir. Ce tableau eft de Charles *Melein*, apparemment François.

On voit encore dans ce même côté, deux autres bons tableaux, dans une maniere reſſemblante à *Giordano*, quoiqu'ils ne paroiſſent pas être de lui, & qu'ils lui ſoient inférieurs : l'un repréſente une Femme triomphante ſur un âne ; l'autre, une Femme cuiraſſée, qui prêche.

L'ANNONCIATA, à *Piẕifalcone*. On y voit une demi-coupole peinte par *Franciſchello delle Mura*, très-foible de couleur, & incorrecte de deſſein.

Un Chriſt enſeveli, tableau de demi-figures, peint de fort bonne maniere, & avec fermeté, belle tête, bien compoſé : il paroît de *Maſſimo*.

S. PIETRO D'ARA ou *ad Aram*. On voit dans une petite chapelle à gauche du chœur, à l'autel, un tableau de Léonard de *Vinci*, demi-figures, un peu plus petites que nature : il repréſente une Vierge & l'Enfant Jeſus accompagné de quelques Saints. Il y a pluſieurs belles têtes dans ce tableau, entr'autres une tête de Vieillard ſans barbe, qui eſt d'une belle exécution & d'une grande vérité ; la Vierge n'eſt pas belle ; l'Enfant eſt mal, quoique la tête en ſoit aſſez jolie & fine.

A gauche de la chapelle, en haut, eſt un autre tableau du même maître, mais moindre & très-froid ; les têtes ſemblent être des portraits : il repréſente Jeſus-Chriſt entre deux Anges, demi-figures.

Le tableau qui est au dessous est mauvais, & d'une maniere gothique : il représente une Vierge & l'Enfant sous un portique, où elle ne pourroit être debout, & qui est ridiculement trop petit ; plusieurs Anges embrassent les petites colonnes qui l'environnent.

On voit dans le chœur cinq tableaux.

Celui du milieu est de *Zingaro*. Les deux suivans, qui sont à ses côtés, sont de *Massimo*, & les deux autres de *Giordano*. Ceux de *Massimo* sont assez beaux, mais fort noirs. Ceux que l'on dit de *Giordano* sont mauvais, & dans une maniere bien différente de ce qu'il a coutume d'être.

L'INCORONATA. On y voit un petit reste de peinture de *Giotto*.

SAINTE MARIE LA NEUVE. Le plafond est peint par *Massimo*. Il y a à gauche, sous l'orgue, deux petits Anges, qu'on dit avoir été peints par *Giordano*, à l'âge de six ans: ils ne sont curieux que dans cette supposition.

SAINTE ANNE DES LOMBARDS. Dans la croisée, à gauche, on voit un tableau représentant une Vierge & l'Enfant Jesus donnant un chapelet à Saint Dominique. Un Saint en chape, qui peut être Saint Janvier, baise la main de l'Enfant, & tient une phiole. Ce tableau est de la plus grande beauté, d'un bel agencement de composition,

d'une couleur admirable , & d'un effet très-bril-
lant & frappant. La tête de la Vierge est d'un caractere grand , noble & majestueux. Cette figure
est d'ailleurs belle , sage , ingénieuse de composition , & bien drapée. La tête du Saint en chape
est bien peinte , de la plus belle exécution , avec
de très-beaux détails. On y voit un grand Ange
debout sur un piédestal, qui soutient une draperie:
c'est une très-belle figure. Il semble cependant
qu'il y a quelque puérilité à faire profiter de
la corniche d'un piédestal un Ange qui n'a besoin que de ses aîles pour se soutenir dans l'air.
Le grouppe d'enfans, qui est en haut , est d'une
très-grande beauté , soit pour le dessein , soit pour
la couleur. Ce tableau est de *Lanfranco* , & c'est
un des plus beaux de ce maître. On dit qu'il avoit
été fait pour les Chartreux , & que la figure , qui
est maintenant Saint Dominique , étoit d'abord
Saint Bruno ; que les Chartreux n'en ayant pas
voulu , les Dominicains l'acheterent , & que c'est
Giordano qui a changé l'habit , & de Saint Bruno
en a fait Saint Dominique.

Dans la troisieme chapelle , à gauche , on voit
un tableau représentant la Résurrection de Jesus-
Christ. C'est une imagination singuliere , le
Christ n'est point en l'air , & passe en marchant
au travers des gardes ; ce qui donne une idée

baſſe, & le fait reſſembler à un coupable qui s'é-
chappe de ſes gardes. D'ailleurs le caractere de
nature eſt d'un homme maigre, & qui a ſouffert.
La compoſition du côté de l'agencement pittoreſ-
que eſt fort belle, & la maniere en eſt ferme &
reſſentie avec goût. Il eſt fort noirci. On ignore
le nom de l'auteur. Ce morceau eſt beau.

On voit encore dans la même chapelle un Saint
Jean-Baptiſte, qui eſt beau, quoique la figure
ſoit d'une nature trop courte : mais il eſt peint en
maître. De l'autre côté eſt un tableau ſi noirci,
qu'on n'y découvre preſque rien : il paroît être
de bonne main.

S. Nicolas ou la Carita de pii operarii.
Il y a pluſieurs morceaux de *Solimeni*, qui ſont
fort beaux & faits d'un pinceau large & facile.

N. D. des Anges. Dans la quatrieme chapelle,
à droite, il y a un tableau qui eſt bon : il repréſente la Vierge & l'Enfant Jeſus ; le petit Saint
Jean lui baiſe le pied. Il y a dans cette égliſe de
très-grands tableaux, qui ne ſont pas ſans mérite ;
ils ſont ornés de beaucoup d'architecture, & les
figures y ſont diſtribuées d'une maniere fort ſimple & naïve, à peu-près dans le genre de compoſition des *Baſſani* : on prétend qu'ils ſont d'un
Moine nommé *Caſelli*.

La Trinité des Religieuses. On y voit un

grand tableau repréfentant la Vierge debout, avec l'Enfant Jefus , Saint Bruno à genoux devant elle ; autour font les principaux Fondateurs d'ordres monaftiques , comme Saint Benoît , Saint François , Saint Dominique. Ce tableau eft très-bien peint, d'une maniere ferme & méplate , & de bonne couleur. Saint Bruno eft d'une couleur trop grife , & a trop l'air d'un mort. Il y a des têtes de vieillards très-belles : mais celles de la Vierge & de l'Enfant Jefus ne le font point , non plus que les petits Anges qui font en haut. Ils font bien deffinés , mais peints d'une maniere féche : cependant ce tableau eft de l'*Efpagnoletto.*

Dans la croifée , à droite , on voit un Saint Jérôme à genoux ; un Ange fonne du cor ; les têtes font belles , le vieillard eft très-bien deffiné , & très-bien peint, & il y a beaucoup de vérité dans les détails ; l'Ange eft peint d'une maniere un peu féche. La couleur générale eft belle & très-vraie ; l'effet de lumiere eft bon : il eft d'ailleurs bien compofé.

LA SOLITARIA. Au fond du chœur on voit un tableau repréfentant Jefus-Chrift mis au tombeau, la Vierge & plufieurs autres figures. Il eft fort beau , mais obfcur & noirci : il paroît de *Maffimo.*

N. D. IN PORTICO. Derriere l'orgue il y a une voûte bien compofée, bien traitée de raccourci, d'une couleur claire & agréable, peu finie & touchée avec facilité.

N. D. DE LA SANTÉ. Il y a fix tableaux de *Giordano*, fort beaux. Les plus remarquables font Saint Dominique qui prêche, & celui où eft encaftré un tableau tenu par la Vierge. Le grouppe d'en haut eft ingénieux, de belle couleur & de bonne harmonie.

S. JANVIER, hors les murs de la ville, ou S. GENNARIELLO. On y voit les catacombes : ce font des fouterreins de plus de dix-huit pieds de largeur dans les grands fentiers. Il y a dans les murs des enfoncemens capables de recevoir un corps humain, & quantité de petites chambrettes, qui paroiffent avoir été des fépulchres pour des familles particulieres. On trouve dans prefque tous, au fond & à terre, deux tombes en forme d'auge longue, & d'autres dans les côtés des murs : elles font plus curieufes, & beaucoup plus grandes que celles de Rome.

· LA MERE DE DIEU, Carmes déchauffés. On y voit deux tableaux de *Giacomo del Po*, compofés avec feu, d'un coloris vigoureux, mais exceffivement maniéré & outré ; d'un effet brillant, mais faux. L'un repréfente, à ce que l'on croit, un repos de la Vierge en Egypte ; l'autre, une bataille fecourue par des Saints.

REGINA CŒLI. On y voit un tableau de *Giordano*, qui paroît repréfenter une controverfe fur la préfence réelle. Il eft peint moëlleufement : néanmoins il n'eft pas des plus beaux de ce maître.

Un autre, Saint Auguftin converti, d'une maniere un peu pefante & trop fondue.

S. JOSEPH DEI RUFFI. On y voit une coupole de *Solimeni.*

A gauche, un tableau de *Giordano* : Saint Guillaume.

L'ASCENSION, à *Chiaya.* Au maître-autel, on voit un tableau de *Giordano*, qui repréfente le combat des Anges : ce tableau eft un des plus beaux de ce maître. Saint Michel eft debout, les pieds fur Lucifer, qui eft tout-à-fait en l'air ; deux démons portent le trône de Lucifer, qui tombe avec eux ; en bas font plufieurs démons, déja tombés dans les fumées de l'enfer ; en haut le Pere éternel fur fon trône, en chape. La couleur de ce tableau eft très-gracieufe, fraîche & brillante ; l'effet en eft piquant, & la vivacité des couleurs locales le rend très-éclatant. Il femble que les figures font trop ifolées, & qu'il y a un peu trop de percés de lumiere autour de chacune d'elles ; de plus le deffein des figures de démons eſt un peu rond , & manque de caractere.

Dans la croiſée , à droite , on voit Sainte Anne préſentant la Vierge au Pere éternel , qui lui envoye le Saint-Eſprit , beaucoup d'Anges enfans. Ce tableau eſt beau , bien compoſé , bien drapé ; les enfans ſont bien deſſinés , & avec beaucoup de molleſſe de chair ; les couleurs des demi-teintes des chairs ſont trop olivâtres.

La Trinité des Pélerins. On y voit un tableau à gauche , repréſentant un homme malade, couché , bien compoſé , bien grouppé , traité d'une maniere grande , & deſſiné avec vérité , mais d'une couleur foïble & de peu d'effet.

N. D. des sept douleurs. Au maître-autel on voit un bon tableau.

Au premier autel , à gauche , il y a un Saint Sébaſtien aſſis , percé de fleches. Cette figure eſt très-bien deſſinée & d'un grand caractere ; la tête en eſt très-belle , & il y a de beaux pieds. Le tableau eſt bien peint , & d'une couleur vigoureuſe ; il eſt un peu noirci : cependant c'eſt un très-beau morceau.

S. Martin, Chartreuſe, ſur le haut d'une montagne. Cette égliſe eſt fort riche.

Sur la porte d'entrée , en dedans , on voit un tableau de *Maſſimo* , repréſentant un Chriſt mort, la Vierge , la Magdeleine , Saint Jean & Saint
Bruno

Bruno proſterné, qui baiſe les pieds de Jeſus-
Chriſt. Ce tableau eſt fort noirci & gâté par le
temps, ſurtout le Chriſt. Il eſt compoſé de la
maniere la plus ingénieuſe ; les attitudes ſont
toutes fort animées & vives d'action ; les expreſ-
ſions des têtes ſont fortes & très-belles.

Aux deux côtés ſont deux tableaux (demi-figures), repréſentant Moïſe & Elie : on les dit de Luc
Giordano, quoiqu'ils paroiſſent dans la maniere
de l'*Eſpagnoletto*. En effet les têtes ſont fort dans
le goût de ce maître, mais la couleur n'eſt pas
préciſément du même ton, & les draperies ne
ſont pas de la même maniere, ni du même pinceau. Ils ſont fort beaux, & les têtes en ſont
belles.

Aux deux côtés de la nef, entre les archivoltes
& les pilaſtres, ſont les douze Prophetes. Ce ſont
des figures ſeules & artiſtement introduites dans
ces eſpaces, bien ingénieuſement compoſées, bien
drapées & d'un pinceau méplat ; les têtes ſont
très-variées de caractere, parfaitement bien peintes, & avec les détails les plus vrais. Ces morceaux ſont dignes d'admiration, & d'une couleur
très-vigoureuſe. Ils ſont de l'*Eſpagnoletto*.

Toute la voûte de la nef eſt décorée de peintures à freſque, de *Lanfranco*, mêlées de quelques
figures de griſaille. Le principal ſujet eſt un Chriſt

montant au ciel, & foutenu de plufieurs Anges. Dans quelques-unes on voit des groupppes d'Anges, fe réjouiffant de fa venue. Ces morceaux font compofés avec beaucoup de feu & bien de plafond ; l'effet de lumiere n'en eft pas fort ingénieux, & les maffes d'ombres & de lumiere font trop divifées. D'ailleurs ils font fort incorrectement deffinés & outrés en beaucoup d'endroits, mais cependant faits d'une très-grande maniere, avec une belle facilité & un caractere de deffein très-fier.

Il y a dans les chapelles, à côté de la nef de l'églife, plufieurs tableaux fort beaux, entr'autres, à gauche, trois tableaux repréfentant des Chartreux, qui font de *Maffimo*.

Dans la premiere chapelle, dans le coin, à droite, on voit un Chrift mort, & la Sainte Famille, de *Maffimo*, fort beau.

Dans la feconde ou troifieme chapelle, il y a encore de fort beaux tableaux.

Dans la quatrieme, deux tableaux de *Solimeni*, qui font mauvais & d'une très-méchante couleur.

Dans le chœur, le tableau du maître-autel eft du *Guide* ; il n'eft pas achevé : il repréfente l'Adoration des bergers. C'eft une grande compofition bien agencée ; la diftribution des maffes d'ombre & de lumiere y eft belle ; l'Enfant Jefus donne toute la lumiere du tableau ; il eft d'un deſſein admirable ; les têtes ſont pleines de graces ; la Vierge eſt de la plus grande beauté , auſſi bien que les autres têtes de femmes , qui ſont d'une grande correction de deſſein , & qui ont des graces ſimples & naïves. Les têtes d'hommes & de jeunes adoleſcens , qu'on y voit , ſont deſſinées & coëffées avec la naïveté & la ſimplicité la plus naturelle , & de la plus grande beauté. La couleur n'en eſt pas belle ; toutes les chairs d'hommes ſont de la même couleur & trop rouges : c'eſt dommage que ce tableau ne ſoit pas achevé ; il eſt compoſé de maniere à faire un grand effet.

A droite , on voit un tableau de l'*Eſpagnoletto,* fort beau , repréſentant Notre Seigneur qui donne la communion aux Apôtres. Ce morceau eſt d'une très-bonne couleur.

Du même côté , plus près de la nef , eſt un tableau de *Caracciolo ,* repréſentant le lavement des pieds , fort dans le goût (quant au caractere de deſſein) de *M. A. de Caravagio ,* d'une nature baſſe , mais avec beaucoup de vérité , des caracteres de têtes fort variés & bien rendus , bien peints, avec feu & expreſſion. Ce tableau eſt noirci ; la couleur tire un peu ſur un gris bleuâtre , les ombres ſont fort noires : il eſt bien compoſé.

A gauche , près de l'autel , on voit le repas de

la cene, grand tableau, de l'école de Paul *Verone-se*. Ce tableau ne fait pas là beaucoup d'effet, & n'a pas de grandes beautés : il y a cependant un bel agencement de compofition, & de belles têtes. Il paroît que le temps en a détruit l'harmonie.

Du même côté, plus près de la nef, eft un tableau de *Maffimo*, fort beau & ingénieufement compofé : on croit qu'il repréfente Jefus-Chrift appellant les Apôtres à lui.

Dans la facriftie il y a un tableau de l'*Efpagno-letto* : c'eft un Chrift mort, une Vierge pleu-rante, Saint Jean foutenant le Chrift, la Mag-deleine lui baife les pieds, &c. Ce tableau eft de la plus grande beauté ; il eft bien compofé ; le Chrift eft deffiné d'un grand caractere, & bien peint ; la tête de la Vierge eft digne d'admira-tion pour la force & la beauté de l'expreffion, & d'un fort beau caractere. Ce tableau eft très-noirci par le temps.

Tout le plafond eft de *Giordano* : il repréfente Judith qui effraye l'armée, en lui préfentant la tête d'Holopherne. On ne fçait qui eft plagiaire, de lui ou de *Simonelli*, à l'églife de Saint Girola-mini, où le même fujet eft traité à peu-près de la même maniere : celui-ci eft en beaucoup d'en-droits fort bien de plafond, furtout la Judith. Aux Angles font des Femmes fortes de l'écriture fainte, comme Débora, &c. Cette peinture eft des derniers temps de ce maître ; il y a beaucoup de maniere ; la couleur n'a point de vérité, & tire en général fur le jaune , & il y a peu d'effet : il eft cependant ingénieufement grouppé & compofé avec feu.

Saint Matthieu appellé à l'apoftolat, tableau (demi - figures) de Luc *Giordano.* Le Saint Matthieu eft d'une maniere affez ingénieufe : il tient de l'imitation de Paul *Veronefe.* Il eft vigoureux ; il a de l'harmonie, mais elle eft monotone, & l'effet, qui en eft piquant, vient d'avoir entiérement facrifié les couleurs locales & les ombres des objets, au befoin de les détacher l'un fur l'autre.

Le tableau qui eft vis-à-vis , eft dans le même cas : c'eft Saint Pierre & Saint André dans une barque, appellés à l'apoftolat. Ces tableaux font bien compofés ; les figures y font très-grandes ; le pinceau en eft moëlleux, & en quelque façon indécis.

Il y a auffi beaucoup de petits plafonds du cavalier d'*Arpino.*

On fait remarquer un tableau ; (on a oublié le nom du peintre. C'eft un Chrift attaché à la colonne). Ce qu'il a de plus beau eft la tête du Chrift ; le refte de la figure eft deffiné d'une façon

très-maniérée, & peint d'une maniere froide &
trop fondue.

On fait encore remarquer un Christ (demi-
figure), qui paroît dans l'attitude d'un Christ
attaché à la colonne : on le dit de *Michel-Ange
Bonarotti*. Il y a de belles choses ; il est peint
moëlleusement & d'un pinceau assez gras ; la tête
exprime bien la douleur ; les morceaux du corps
sont trop comptés & trop semblables un côté à
l'autre.

La voûte est enrichie d'une quantité de petits
morceaux à fresque, de Joseph d'*Arpino*, faits
avec beaucoup d'esprit & de facilité.

Dans une des pieces qui conduisent à la sacristie,
on voit au dessus d'une porte un tableau qui est de
plusieurs personnes : les figures sont de *Massoni*.
Il est bien composé pour la place : c'est un escalier
sur lequel est un *Ecce Homo*. Les figures sont bien
touchées.

Un grand tableau d'un Christ en croix, avec la
Vierge, Saint Jean & la Magdeleine, de Joseph
d'*Arpino* (figures de grandeur naturelle). Ce tableau est d'une très-belle couleur, qui tient beaucoup de *Rubens* & du *Barocci*. Il est d'un pinceau
fort large & moëlleux ; il fait beaucoup d'effet.
Les têtes du Christ, de la Magdeleine & de Saint
Jean, sont fort belles, surtout celle de la Magde-

leine, qui a beaucoup d'expreſſion. La figure du
Chriſt eſt d'un deſſein très-maniéré , & les contours généraux extérieurs de la figure forment un
tout trop ſemblable à un baluſtre ; les jambes ſont
trop outrées , & les os en ſont tortillés.

Au deſſous eſt un tableau de *Michel-Ange di
Caravagio* (demi-figures de grandeur naturelle).
On y voit Saint Pierre qui renie Jeſus-Chriſt ;
trois ou quatre ſoldats jouant ſur une table ; derriere eux & au coin , une femme vue par le dos ,
qui eſt la ſervante qui l'interroge. Ce tableau eſt
très-beau , quoique noirci par le temps. La tête
du Saint Pierre eſt très-belle, & exprime beaucoup.
Tout cela eſt d'une grande vigueur , & les détails
en ſont bien rendus.

Dans l'appartement du prieur , on voit encore
quelques beaux tableaux de l'*Eſpagnoletto* , de
Giordano & autres. Du premier , un homme à
genoux devant une Vierge : on prétend qu'il s'eſt
peint lui-même à genoux , ſa femme en Madone ,
& que l'Enfant Jeſus eſt le portrait de ſon enfant.

Du même , un Saint Jérôme (demi-figure de
grandeur naturelle) ; un Saint Sébaſtien , qui en
fait le pendant. Ces tableaux ſont fort beaux , ſurtout les deux derniers.

Il y a deux fort beaux tableaux de *Giordano* ;

figures d'un pied & demi ou deux pieds : l'un eſt la tête de *Saint Jean*, préſentée à Hérode & à Hérodiade ; l'autre, les nôces de Cana. Ces tableaux ſont compoſés dans le goût de Paul *Veroneſe*, & ſont d'une belle exécution & d'une belle couleur : elle eſt ſeulement un peu monotone.

Il y a encore d'autres tableaux dont on ne ſe ſouvient point, qui ſont cependant beaux.

Il y en a un où l'on voit pluſieurs Chartreux à genoux, & une Furie qu'on empêche de les approcher : il paroît que cela repréſente les Chartreux préſervés de la peſte. Il y a de fort bonnes choſes dans ce tableau, qui d'ailleurs ne fait pas un grand effet.

On fait voir dans un des cloîtres de ce couvent, une ſtatue de marbre, qu'on dit être du *Bernin :* mais qui n'eſt point belle ; elle eſt d'une maniere tortillée, & d'ailleurs toute eſtropiée.

Palais du Prince della Torre.

On voit dans ce palais un tableau de l'*Eſpagnoletto*, repréſentant Saint Pierre & Saint Paul (demi-figures, un peu plus que nature). Les têtes en ſont très-belles & touchées avec fermeté; elles ont beaucoup de caractere ; les mains ſont bien deſſinées, avec beaucoup de fermeté & de

juftelle. Ce tableau eft peint d'une maniere très-
fiere , & d'une couleur très-vigoureufe : c'eft un
très-beau morceau.

Un *Ecce Homo* , du *Guide* (demi-figure de
grandeur naturelle). La tête eft d'un beau caractere & d'une belle expreffion. Le deffein du tout
eft très-fin , avec quantité de beautés de détail &
de vérités de nature : il y a cependant quelque
chofe de pauvre & d'une nature baffe dans le bras
droit. Le pinceau y eft admirable , & rend bien
toutes les molleffes de la chair. La couleur de ce
tableau eft tellement foible , qu'il paroît n'être
qu'une grifaille.

Un autre tableau du *Dominichino* , figures tiers
de nature : c'eft un Chrift mort , fur les genoux
de la Vierge , la Magdeleine , &c. Il y a de très-
belles chofes dans ce tableau ; l'agencement de la
compofition eft fage , & le deffein eft fimple &
vrai. La tête de la Magdeleine eft expreffive , d'un
très-beau caractere , & même d'affez belle couleur. Ce tableau , au refte , eft d'un pinceau fec &
froid , & de couleurs entieres , dures & fans harmonie.

De l'autre côté de la galerie , vis-à-vis , eft une
Sainte Famille , auffi du *Dominichino*) figures de
grandeur naturelle), repréfentant une Vierge , un
Enfant Jefus & le petit Saint Jean , un Saint

Joſeph avec des lunettes ; à droite , deux Anges adoleſcens. Ce tableau eſt bien compoſé , bien grouppé , bien drapé & très-bien deſſiné. La tête de la Vierge eſt très-gracieuſe , belle & d'un fort beau caractere : cependant elle n'a point le caractere affecté à la Vierge , ſoit par ſon ajuſtement ou autrement ; elle paroît plutôt une belle payſanne. La tête de l'Enfant Jeſus eſt fort agréable , & lui & le petit Saint Jean ſont rendus avec des détails ſimples & vrais. La tête de Saint Joſeph n'eſt pas de fort beau caractere ; les ajuſtemens ſont ingénieux dans un genre ſimple. Il y a pluſieurs mains qui , à force d'être dans des attitudes ſimples , & dans des vues ingrates, ſont peu agréables ; de ſorte qu'au premier coup d'œil elles paroiſſent mal deſſinées. Ce tableau eſt auſſi d'une couleur entiere , ſans harmonie , ſans paſſages variés de tons dans les demi-teintes , & d'un effet ſec & dur. Il paroît fait froidement & peſamment.

Une Fuite en Egypte , avec pluſieurs Anges, de *Pietro da Cortona ,* figures d'un pied & demi de proportion. Ce tableau eſt d'un deſſein plus fin & plus correct que ne le ſont d'ordinaire ceux de ce maître. Les têtes en ſont très-gracieuſes & d'un deſſein pur ; la couleur en eſt très-agréable. Il eſt d'un pinceau net & propre , & moins mol que ce peintre ne l'eſt ordinairement. C'eſt un fort bon tableau, & très-bien compoſé.

Un Saint François mourant, conſolé par les Anges, de *Lanfranco* (figures de grandeur naturelle) : il eſt beau. On y voit quelques têtes d'Anges, dans le goût du *Dominicain.* La couleur en eſt vigoureuſe, & la maniere eſt grande & fiere. La tête du Saint paroît trop doucereuſe & trop finie.

Les trois Maries, d'Annibal *Caracci*, tableau dont l'eſtampe eſt fort connue. Ce morceau eſt très-fini ; les draperies ſont d'un beau choix, & très-bien rendues ; la couleur en eſt bonne ; le pinceau en eſt net & décidé ; les figures ſont d'un beau choix, ſimples & d'un très-beau deſſein. La tête de l'Ange aſſis ſur la pierre, n'eſt pas belle ; le caractere en eſt bas. Les figures peuvent avoir environ trois pieds de haut.

Une Annonciation, du *Pouſſin*, avec le Pere éternel, & une Gloire d'anges & d'enfans. Ce tableau n'eſt pas achevé ; les principales têtes ne paroiſſent qu'ébauchées, & ſont fort griſes ; quelques parties, & ſurtout les draperies qui ſont finies, ſont d'une très-belle touche méplate, riches de plis bien formés. La compoſition du tout eſt riche de figures, & ingénieuſe ; les grouppes bien enchaînés, & le deſſein en eſt fin & ſçavant ; la couleur locale eſt belle : les chairs cependant ſont un peu griſes, & leurs ombres paroiſſent trop claires. On apperçoit les mêmes beautés & les mêmes défauts dans un autre tableau de la même galerie, auſſi du *Pouſſin*, qui repréſente un Repos en Egypte, avec un Saint Joſeph dans le fond, qui lit dans un livre. Il y a pluſieurs petits Anges qui ont beaucoup de graces & de naïveté, & qui ſont d'un deſſein très-correct. Les figures de ces tableaux peuvent avoir un pied & demi de haut.

Il y a quelques autres tableaux d'études de têtes ou autres, qui ſont bons.

Un autre tableau repréſentant un buſte de femme, dit du *Tiziano*, qui paroît douteux.

Palais du Prince della Rocca.

Une Préſentation de Jeſus au temple, Saint Siméon & pluſieurs autres figures : c'eſt un tableau fort beau. On n'a pas ſçu le nom du peintre. Les figures ſont de grandeur demi-naturelle ou environ.

Quatre Evangéliſtes, du *Guide*, buſtes (de grandeur naturelle) très-beaux, d'un pinceau & d'une touche faciles, de bonne couleur, bien deſſinés. Les têtes de Saint Matthieu & de Saint Marc ſont d'un beau caractere ; la tête de Saint Jean eſt d'un caractere bas & trivial.

Un tableau d'une Vifitation de la Vierge, qu'on dit être de l'école des *Carraches*, figures d'environ un pied & demi. Ce tableau eft beau & bien exécuté : il femble tenir de la maniere du *Pouffin*.

Un petit tableau, figures d'environ un pied, qu'on dit de l'*Albano* : c'eft un Repos de la Vierge en Egypte, avec plufieurs Anges, dont il y en a un dans le fond qui mene boire l'âne. Ce tableau eft fort noirci : on pourroit douter qu'il fût de ce maître, à caufe des principales têtes qui ne font point correctes de deffein, ni d'un beau caractere. Cependant la couleur en eft gracieufe, & il y a des petits enfans bien peints & deffinés avec beaucoup de graces.

Un tableau d'Annibal *Carracci*, repréfentant Latone changeant les payfans en grenouilles, fort connu par l'eftampe (figures d'environ deux pieds). Ce tableau eft fait très-facilement, & n'eft pas beaucoup fini : mais d'ailleurs il eft admirable par la facilité du pinceau & le grand caractere du deffein. La couleur en eft bonne ; les deux enfans paroiffent un peu trop petits : c'eft un excellent morceau.

Un autre repréfentant Judith, de *Maffimo* (grandeur naturelle), il eft vigoureux & d'un effet de bon maître, mais noirci. Le caractere de la tête eft beau.

Un Songe de Saint Joſeph, avec la Vierge & l'Enfant Jeſus : c'eſt un tableau ovale en long (demi-figures de grandeur naturelle), de *Pietro da Cortona*. Il eſt bien compoſé, de grande maniere & de peu de figures, qui ſont grandes dans le tableau : il eſt d'un ton de couleur vigoureux & ſourd, d'un pinceau moëlleux & large. La tête de la Vierge eſt gracieuſe, quoiqu'elle ne ſoit pas noble ; le petit Enfant eſt fort beau ; le Saint Joſeph eſt trop gros de proportion, & d'un caractere lourd & incorrect ; l'Ange eſt ingénieuſement tourné : ce tableau eſt obſcur ou noirci.

Un tableau repréſentant David coupant la tête de Goliath. Ce morceau eſt ingénieuſement compoſé, & a du mérite, quoiqu'il ſoit incorrect & d'un mauvais ton de couleur : les figures ſont un peu moins grandes que nature.

Un autre, où l'on voit Débora qui cloue la tête de Siſara. Ce tableau a du mérite, & eſt d'une maniere de maître : les figures ſont de grandeur naturelle.

Deux petits tableaux du *Baſſano*.

On voit un autre tableau qui repréſente un petit Enfant qui ſemble jouer avec la coëffure d'une femme : on ignore le nom du peintre. Il eſt deſſiné finement, correct & d'un beau choix de nature ; l'enfant eſt d'une grande vérité ; la couleur en eſt claire, dans le goût du *Guide.*

Environ une douzaine de tableaux de *Simon Vouet*, peintre François, repréſentant des Anges, demi-figures de grandeur naturelle. Ces tableaux ont du mérite, & ſont d'une maniere grande, quoiqu'un peu ſéche & ſans rondeur : les ajuſte-mens ſont ingénieux & d'un pinceau facile.

Il y en a un autre repréſentant une Sainte Fa-mille (demi-figures) du même, auſſi bien que deux petits Enfans Jeſus & Saint Jean, qui ſont bien deſſinés & d'une couleur gracieuſe.

Palais du Prince de Francavilla.

Un tableau repréſentant une Magdeleine parfu-mant les pieds de Jeſus-Chriſt chez le Phariſien. Ce tableau a à peu près cinq pieds de large (figures d'environ deux pieds & plus) : il eſt de Paul *Vero-neſe.* Ce morceau eſt d'une belle compoſition , riche de figures & d'architecture , d'un grand effet, quoique les ombres en ſoient fort noir-cies ; les chairs, qui ſont conſervées , ſont du plus beau coloris, frais & clair ; les têtes ſont belles, vraies, d'un pinceau agréable, & faites avec une facilité ſinguliere. Le Chriſt eſt fort gâté, & paroît la moins bonne figure : c'eſt un très-beau morceau.

On voit encore dans ce palais plusieurs tableaux fort bons, sans être de la premiere beauté.

Un tableau qu'on dit de *Teniers*, mais qui n'en est pas, quoiqu'il soit dans son ton de couleur; il est trop mal dessiné dans beaucoup d'endroits, & les têtes n'en sont pas touchées avec hardiesse.

Un petit tableau, qui est fort beau, & où il y a des choses colorées & dessinées tout-à-fait dans le goût de *Rubens*. C'est une Bacchanale d'enfans.

Autre petit tableau représentant Marthe & Marie aux pieds de Jesus: il paroissoit fort beau, quoiqu'il fût placé dans un lieu obscur.

On ne se souvient pas si c'est dans ce palais ou dans quelqu'un des précédens, qu'on voit un tableau du *Caravage*, où sont deux Moines & un jeune homme couché & vu en raccourci.

On ne se souvient pas non plus dans quel palais on voit les tableaux suivans.

Un tableau de *Capucino*, représentant les Pélerins d'Emmaüs: il est bon & d'un vigoureux ton de couleur dans les chairs & dans les draperies; le dessein en est incorrect.

Un autre du même, représentant une Sainte à qui l'on trouve des fleurs dans son tablier, en croyant la surprendre commettant un vol: on croit que c'est à Sainte Génévieve qu'une fausse

tradition

tradition attribue ce miracle. La couleur de ce tableau eſt moins vraie ; la tête de la Sainte eſt d'un profil très-gracieux.

Du même , un tableau d'une Vieille à ſa toilette , très-bien peint , mais noirci.

Quelques autres tableaux du même peintre.

Un portrait de l'*Eſpagnoletto* , très-noirci. Il n'y a que le viſage & la main de bien viſibles ; la couleur en eſt belle & vraie , auſſi bien que le deſſein , mais particuliérement dans la main.

Un David , du *Guide* , qui peut n'être qu'une copie , & qui eſt cependant d'une grande beauté , & très-bien peint ; les tons en ſont beaux & frais , & il eſt correctement & finement deſſiné.

Deux eſquiſſes en griſaille : l'une , du *Carracci* , repréſente la Samaritaine , & eſt touchée de grand goût ; l'autre eſt belle auſſi.

Un tableau repréſentant une Vierge dans la Gloire , & trois Saints en bas , d'André *del Sarte.* La Vierge & l'Enfant ſont très-bien ; le reſte eſt moindre & d'une couleur un peu trop rouge.

Une tête dite de *Raphael* , très-bien deſſinée , peinte d'une couleur griſe.

Un autre tableau repréſentant une Princeſſe en pied , dit de *Rubens.* La tête eſt très-belle , fraîche & vermeille de couleur. Ce morceau ne ſemble cependant pas dans le ton de couleur ordinaire à ce maître ; les satins sont traités avec beaucoup d'art & de facilité; le fond d'architecture est noirci.

Il y a beaucoup d'autres têtes que l'on dit de *Rubens* & de *Vandyk*, qui pourroient bien n'être que des copies.

Quelques portraits du *Tiziano*, entr'autres un que l'on dit être le sien propre : il est si gris qu'il ne paroît qu'une ébauche, & qu'à peine le distingue-t'on.

Une tête d'un vieux homme sans barbe, fort belle.

Il y a quelques autres tableaux assez bons, quantité de mauvais, & beaucoup de copies.

Dans une maison particuliere, vis-à-vis le palais du Prince de Francavilla.

On voit dans cette maison un tableau représentant la Résurrection du Lazare, du *Guercino* (figures de grandeur naturelle), bien composé & d'une idée singuliere, très-bien grouppé. Les figures sont grandes dans le tableau ; les têtes très-belles & d'un beau choix, bien dessinées & de grand caractere. Les têtes de Marthe & de Marie sont d'une grande beauté & d'une belle forme; celle du Christ est très-belle aussi. Ce tableau est géné-

ralement très-bien peint ; le Lazare eft d'une nature baſſe , ſurtout ſes jambes & ſes pieds , qui
d'ailleurs ſont très-bien deſſinés & d'une grande
vérité. On y trouve le défaut que toutes les
chairs , excepté celles du Chriſt (& il y en a
beaucoup), ſont d'une couleur gris d'ardoiſe , qui
lui donne une monotonie de *Camayeu*. Il y a de
très-belles mains & beaucoup de vérités de nature.
On y voit une figure qui ſe bouche le nez en reſ-
pirant l'odeur du tombeau ; ce qui paroît une idée
baſſe & dégoûtante.

Toutes les maiſons de Naples ſont ſans toits &
couvertes de terraſſes environnées d'appuis. Il y
a beaucoup de grandes rues. On voit dans la plûpart , à preſque toutes les fenêtres , des balcons
de bois , fort ſaillans , & les vitraux également
avancés & ſaillans en dehors ; ce qui produit un
aſpect déſagréable.

Le goût moderne de l'architecture, à Naples,
eſt fort mauvais ; les ornemens de la plûpart des
chambranles (1) extérieurs des fenêtres , ſont tout-
à-fait ridicules. On bâtit dans cette ville , avec
beaucoup de dépenſe , des aiguilles ou pyramides,

______

(1) On les fait, auſſi bien que les chambranles des portes,
de la *lave* du Véſuve , qui , oppoſée au blanc , paroît bleue,
& tranche d'une maniere trop dure. On rencontre cependant quelques palais anciennement bâtis , dont l'architecture eſt mâle & belle.

toutes revêtues de marbre, mais de la plus mauvaise forme, du plus méchant goût, & assommées de mauvaise sculpture. Il en coûteroit beaucoup moins pour les faire belles, & d'un goût sage & simple.

Il y a presque partout, sur le bord de la mer, des fontaines pour l'usage des matelots : mais elles sont toutes décorées de mauvais goût & de mauvaise sculpture, excepté une, où il y a deux figures d'hommes debout, qui soutiennent une architrave : ces figures sont assez belles.

Il y a un palais du Roi, sur une hauteur, dans les fauxbourgs de la ville, que l'on appelle, *Capo di monte* : il n'étoit que commencé lorsque nous l'avons vu ; mais ce qui en étoit élevé, étoit beau & d'excellent goût. On croit que c'est *Van-Vitelli*, Romain, qui en est l'architecte.

Les peintres que cette ville peut regarder proprement comme siens, sont : *Massimo*, qui avoit vraiment du mérite ; *Luca Giordano*, de qui l'on y voit une quantité d'ouvrages, dont plusieurs sont très-beaux ; *Solimeni*, peintre d'un très-beau génie & d'une grande facilité; & les modernes, ses éleves, qui y brillent maintenant. On peut encore compter parmi les Peintres Napolitains, du second ordre, *Simonelli*, dont il y a quelques

morceaux affez bons ; Paul *Matteis* , peintre médiocre, quoiqu'avec quelque génie , mais qui a
trop abufé de fa facilité. Il y en a beaucoup d'autres , tels que *Maria* , *Farelli* , &c. dont les ouvrages font , pour la plus grande partie , mauvais ,
& les meilleurs méritent peu d'attention. Les
plus diftingués de ces Peintres Napolitains , que
nous venons de nommer , quoique excellens à
bien des égards , ne font cependant point du
premier ordre. On peut en général les qualifier
de peintres maniérés , médiocrement fçavans dans
leur art , & prefque tous imitateurs de *Pietro da
Cortona. Maffimo* a quelque chofe de plus folide
& de plus propre à inftruire ceux qui étudient la
peinture : mais il n'a pas les graces & l'agrément
des autres dans le caractere de fon deffein & dans
fon coloris. Le plus féduifant de tous c'eft *Luca
Giordano.* Son génie eft abondant ; fon *faire* eft de
la plus belle facilité ; fon coloris fans être bien
vrai , ni bien précieux pour la fraîcheur & la variété des tons , eft cependant extrêmement agréable ; & l'on peut dire en général que c'eft une
belle couleur. Son deffein n'a point de ces fineffes
fçavantes , qui viennent d'une étude profonde. La
nature n'y eft pas d'une exacte correction : cependant fes ouvrages font affez bien deffinés , & ne
préfentent point de ces fautes groffieres , qu'on

trouve quelquefois dans des maîtres plus grands que lui. C'eſt un de ces maîtres qui ont réuni toutes les parties de la peinture dans un degré ſuffiſant pour produire le plus grand plaiſir à l'œil; ſans exciter à l'examen le même ſentiment d'admiration qu'on éprouve à la vue des ouvrages de ceux qui, ne donnant leur principale attention qu'à une des parties de la peinture, ſont parvenus à la porter au plus haut degré. Ils n'ont point produit ce que la peinture a de plus étonnant, mais ils ont fait les tableaux les plus tableaux (qu'on me paſſe cette expreſſion), & dont le tout-enſemble fait le plus de plaiſir. Il ſeroit difficile de décider lequel eſt à préférer, ou de réunir toutes les parties de la peinture dans un beau degré, ou de n'en poſſéder qu'une à un degré ſublime. Ce qu'on en peut dire, c'eſt que le peintre qui n'aura qu'une partie ſublime, eſſuyera pendant ſa vie mille critiques ſur celles qui lui manquent, mais il ſera l'objet de l'étude & de l'admiration de la poſtérité ; au lieu que celui qui poſſédera l'art du tout-enſemble agréable, ſera dédommagé par l'eſtime de ſes contemporains, & les agrémens qui la ſuivent, de ce que la poſtérité pourra lui refuſer. Les talens qui ont peu coûté, & qui ſont preſque entièrement le fruit des dons naturels, ſont les plus ſéducteurs : on

ne peut réſiſter à leur impreſſion. Quoique ce
ſoit avec raiſon que l'on dit que ce qui a été fait
vîte doit être vu de même, néanmoins il y a des
beautés de facilité & d'heureuſe négligence, aux-
quelles on ne peut refuſer ſon admiration : mais
ceux qui étudient la peinture, ne doivent point
ſe les propoſer pour modeles : il eſt & trop facile
de les imiter mal, & trop difficile de les égaler.
Il faudroit avoir les mêmes dons de la nature, ce
dont on ne doit jamais ſe flatter. Ces maîtres faciles accoutument ceux qui les ſuivent à être ſu-
perficiels ; & ſi leurs imitateurs ont un degré de
talent moindre, ils tombent dans une médio-
crité tout-à-fait mépriſable. Ce qu'on peut principalement conſidérer dans ce maître, & qu'on
répétera ici, quoiqu'il ait déja été dit à l'occaſion
de quelques-uns de ſes ouvrages, c'eſt l'accord
& l'effet harmonieux de ſes tableaux. L'artifice
dont il s'eſt ſervi, & qu'il eſt important de connoître, eſt dévoilé plus clairement dans ſes ouvrages, que dans la plûpart des autres maîtres,
parce qu'il l'a ſouvent porté à l'excès. Il conſiſte
à faire toutes les ombres de ſon tableau, en quelque façon, du même ton de couleur. Pour faire
entendre ceci, ſuppoſons qu'un peintre ait trouvé
un ton brun, compoſé de pluſieurs couleurs qui
ſe détruiſent aſſez les unes les autres pour qu'on

ne puisse plus assigner à ce brun le nom d'aucune couleur, c'est-à-dire qu'on ne puisse le nommer ni rougeâtre, ni bleuâtre, ni violâtre, &c. alors il auroit un moyen d'ombrer tous ces objets, comme la nature nous les présente. L'obscurité dans la nature n'est qu'une privation qui n'a aucune couleur, & qui détruit toutes les couleurs locales, à mesure qu'elle est plus grande. On remarquera dans tous les maîtres qui peuvent être cités pour l'harmonie, qu'ils ont adopté un ton favori, avec lequel ils ombrent tout, les étoffes bleues, les étoffes rouges, &c. Dans les ombres même des étoffes blanches, ce ton y entre assez pour les accorder avec le reste. On le voit distinctement dans *Luca Giordano*, & dans *Andrea Sacchi*, dont le ton d'ombres est assez semblable. C'est un brun qui tient de la couleur naturelle de la terre d'ombre. Dans les tableaux de *Pietro da Cortona*, il est gris brun ou argentin; dans le *Baccicio*, jaunâtre. Paul *Veronese* fait ses ombres violâtres. Le *Guercino*, dans son meilleur temps, les fait bleuâtres. Dans *la Fosse*, c'est un brun rousseâtre, &c. Celui de tous les tons d'ombres qui imitera le mieux la nature, sera celui qui tiendra le moins d'une couleur qu'on puisse nommer. *Solimeni*, plus fin de dessein, & plus correct en tout que *Luca Giordano*, lui cede cependant par l'agrément du coup d'œil de ſes tableaux, par la facilité du pinceau, & même par les graces. Ce n'eſt pas que ſà touche ne ſoit très-belle, & ſes demi-teintes de la pius grande fraîcheur : mais ſes tableaux ſont tout-à-fait dé-parés par le mauvais ton de ſes ombres, qui ſont ſouvent d'un noir bleu, tout-à-fait faux, & qui plus il noircit, plus il devient déſagréable. D'ail-leurs il diſperſe ſouvent ſes lumieres par petites parties qui détruiſent l'effet total de ſes tableaux. Cependant il n'eſt pas toujours tombé dans ce dé-faut, & les figures qui ſont dans la ſacriſtie de Saint Paul, ſont d'un meilleur ton : auſſi eſt-ce un des plus beaux ouvrages qu'il ait fait, & qui peut être comparé à *Pietro da Cortona*, parce que s'il lui cede en quelque partie, il l'emporte pour la correction & la fineſſe du deſſein. Les éleves de *Solimeni*, tels que *Franciſchello delle Mura*, ont conſervé une partie de ce génie ſura-bondant qu'on admire en lui, & la beauté de ſa touche. Ils ſont auſſi deſſinateurs aſſez corrects & ſpirituels : mais leur maniere eſt plus petite, leurs ombres ſont trop réſlétées & trop belles, c'eſt-à-dire que les couleurs (1) locales n'y ſont pas aſſez

____

(1) Je me ſers partout de l'expreſſion de couleur locale dans le ſens qu'on lui donne ordinairement, & qui ſignifie la couleur propre de chaque objet, quoiqu'elle ne ſoit pas exacte, & qu'elle dût plutôt ſignifier la couleur occaſion-née par le lieu & par la diſtance de l'œil.

rompues ; ce qui empêche leurs tableaux de faire de l'effet. A la vérité on peut espérer qu'en vieillissant, ils prendront un meilleur accord. Il vaut beaucoup mieux que des tableaux péchent par avoir les ombres trop claires, qu'autrement, parce que le temps ne fera que les améliorer.

La ville de Naples n'est pas moins embellie par les ouvrages de plusieurs maîtres célebres, qui lui sont étrangers. Ceux du *Dominichino*, quoique moindres que ce qu'il a fait à Rome & à Bologne, sont cependant remplis de grandes beautés. On y trouve des morceaux admirables du *Lanfranco*, & aucune ville d'Italie n'en présente un si grand nombre. Il en est de même d'*Antonio di Ribera*, dit l'*Espagnoletto*, dont il y a des ouvrages de la plus grande beauté, & nombreux: c'est certainement un des plus grands coloristes qui aient existé, & son exécution est admirable.

PORTICI.

LE PALAIS DU ROI. L'architecture en est telle qu'il n'y a rien à en dire, si ce n'est que c'est dommage que, faute d'un bon architecte, les Souverains fassent des dépenses en bâtimens dont on ne peut faire aucun éloge.

On voit dans quelques chambres de ce palais, un Recueil des restes de peintures & autres curiosités qu'on a tirées de la ville souterreine d'*Herculanum*. On ne peut parler que de celles qu'on y voyoit alors; car comme on travaille continuellement, on doit avoir fait beaucoup de découvertes nouvelles. Le nombre des tableaux qu'on en avoit tiré, pouvoit monter à plusieurs centaines. Toutes ces peintures sont faites sur le mur, à fresque : on enleve dans le souterrein la partie de mur qui est peinte, on l'apporte dans le palais, où on la conserve, & on fait reparoître les couleurs par le moyen d'un vernis.

On parlera d'abord des morceaux dont les figures sont de grandeur naturelle ou à peu-près, comme étant les plus importans.

On voit un tableau qui représente Thésée vainqueur du Minotaure. Thésée est debout ; il a seulement une draperie sur l'épaule & sur le bras gauche; de jeunes Athéniens lui baisent les mains, & lui embrassent les genoux ; le Minotaure, désigné par un homme à tête de taureau, paroît renversé à ses pieds ; on voit une figure de femme sur un nuage ; le carquois qu'elle porte sur le dos, fait présumer que c'est Diane. La composition en est froide, & tient du bas-relief, excepté le Minotaure, qui est en raccourci. Ce tableau est médiocrement dessiné, sans sçavoir & sans finesse : la tête de Thésée est cependant assez belle & d'un bon caractere. La maniere est en général assez grande, & le pinceau facile, mais peu fini : ce n'est qu'une ébauche avancée.

Il y a un autre tableau (figures de grandeur naturelle), dont on ignore le sujet. On y voit une femme assise, appuyée sur le bras droit, & tenant un bâton de l'autre main ; elle est couronnée de fleurs & de feuilles qui paroissent mêlées de quelques épis de bled ; elle a à sa droite un panier de fleurs ; ce qui fait conjecturer qu'elle représente Flore. Derriere elle on voit un Faune qui tient une flûte à sept tuyaux ; il a un bâton recourbé en forme de crosse. Un homme debout, & vu par le dos, est placé devant elle : on croit que c'est Hercule. En effet son carquois est recouvert d'une peau de lion ; il regarde un enfant qui tette une biche ; la biche careſſe cet enfant, & leve la jambe de derriere pour lui donner plus de facilité. Entre l'Hercule & l'enfant, on voit un aigle, les aîles à demi-déployées. De l'autre côté d'Hercule eſt un lion en repos, & au deſſus, ſur un nuage, une figure de femme, qui repréſente quelque Divinité. Ce tableau eſt ſi foible de couleur, qu'on ne ſçait s'il eſt camayeu, ou ſi l'on doit le regarder comme colorié. Il eſt mal deſſiné, ſans formes juſtes & ſans détails; les têtes ſont médiocres; l'enfant eſt eſtropié ; il a les reins trop larges, & les cuiſſes écartées avec excès. La figure du Faune eſt aſſez belle ; elle a du caractere ; les animaux ſont mauvais. Ce tableau paroît de la même main que le précédent ; il a la même facilité ; la touche en eſt hardie, & il eſt auſſi peu fini.

Un autre tableau repréſentant le Centaure Chiron, qui enſeigne à Achille a jouer de la lyre. Le Centaure eſt aſſis ſur ſa croupe, & embraſſe le jeune homme : il paroît faire ſonner la lyre qu'Achille touche en même temps, & qui eſt pendue à ſon col. On voit derriere ces figures un fond d'architecture ; les moulures en ſont peintes avec du rouge, de façon qu'elles reſſemblent a une étoffe. Ce tableau eſt encore aſſez mal deſſiné ; les muſcles de l'eſtomac & des bras du Centaure, ne font pas juftes, & le contour extérieur n'eft pas de bonne forme ; la pofition des jambes de derriere eft d'un choix très-déiagréable. La figure d'Achille eft meilleure, mieux enfemble, & le contour en eft affez coulant. Il paroît que c'eft une imitation de quelque ftatue : d'ailleurs cette figure n'eft pas mal peinte. Les demi-teintes paffent affez moelleufement de la lumiere à l'ombre, & elles ont de la vérité, quoique dans un ton fort gris.

On voit encore un tableau que l'on dit repréfenter le Jugement d'*Appius Claudius*. Le Décemvir eft affis, & fe touche le front avec le doigt. Derriere lui on voit une femme qui l'embraffe du bras droit, & qui femble le retenir de la main gauche. Au milieu, & fur le devant du tableau, eft une figure d'homme, affife & vue par le dos, qui tient de la main gauche un papier. A fa droite on voit une vieille femme qui a le doigt fur fa bouche, & derriere elle, fur un plan plus éloigné, un homme dans l'âge viril, dont le vifage exprime de la douleur, mais foiblement. A côté il y a une autre figure de femme. Enfin, dans le fond du tableau, on voit Diane dans une attitude de ftatue, mais cependant colorée. Ce tableau paroît d'une autre main, & encore moindre que les précédens ; le *faire* en eft pefant & froid,

& la couleur mauvaife ; le dos nu eft d'une couleur de brique noirâtre jufques dans les lumieres,
mal defliné, & aufli large des hanches que des
épaules ; les têtes font touchées avec un peu plus
de hardieffe, mais elles ne font pas de beau caractere.

Il y a quelques autres tableaux, dont les figures
font à peu-près de grandeur naturelle.

Un que l'on dit être le Jugement de Pâris. On
y voit, fur le devant, trois demi-figures de femme,
& dans le fond, un homme qui tient un bâton
recourbé, & qui paroît dans l'eau jufqu'à la poitrine.

Un autre que l'on croit Chiron enfeignant
Achille. Ici Chiron n'eft point Centaure, mais
un homme âgé : Achille adolefcent tient deux
flûtes.

Autre tableau d'Hercule enfant, qui étouffe
deux ferpens. On y voit quelques autres figures,
comme un homme aflis, une femme & un vieillard qui tient un enfant. L'Hercule enfant eft
très-mal defliné & très-vilain.

Un autre tableau d'Hercule enfant, qui lutte
contre un Satyre, avec quelques autres figures :
elles font d'un pied & demi de hauteur. L'Hercule & le Satyre font fi petits, en comparaifon des
autres figures, qu'ils en font ridicules.

En général ces tableaux font très-médiocres, fans finefle de deffein, & d'une couleur très-foible : d'ailleurs ils font peu finis , & traités à peu-près comme nos décorations de théâtres.

Il y a un grand nombre de tableaux, dont les figures font d'une proportion plus petite.

Ariane abandonnée (figure d'environ un pied), de bonne couleur, aflez correcte , & qui a de l'effet.

Deux *Sacrifices Egyptiens* (figures d'environ un pied), curieux par le fujet , mais mauvais : ce ne font que des ébauches informes & d'une mauvaife perfpective.

Un grand nombre de tableaux d'animaux, d'oifeaux, de poiflons, de fruits , d'uftenfiles , &c. de grandeur naturelle. Ces morceaux font les meilleurs ; ils font faits avec goût & avec facilité., mais peu finis.

Il y en a encore de plus petits , qui repréfentent des animaux, comme des éléphans , des tigres , &c. Plufieurs de ceux-ci font très-jolis & touchés avec beaucoup d'efprit.

Un grand nombre de ces tableaux repréfente de petites figures peintes fur des fonds d'une feule couleur , & ils font aflez précieux. Dans d'autres on voit de petits enfans joliment peints , mais qui font trop formés , & n'ont pas les graces enfantines ;

tinès ; quelques figures d'hommes travaillant à différens métiers (on y voit les outils de leur profeffion); des danfeurs de corde , &c. des mafcarons grotefques , des mafques de théâtre , des arabefques ou figures chimériques d'hommes & de femmes , qui fe terminent en queue d'oifeau.

Il y a quantité de tableaux d'architecture , mais abfolument mauvais ; non feulement il n'y a pas de perfpective , mais même l'architecture en eft de mauvais goût : il femble qu'elle foit gothique par anticipation.

Quelques camayeux peints fur marbre , qui femblent des deffeins au crayon rouge : ils font en partie hachés. On les foupçonneroit d'avoir été retouchés , c'eft-à-dire , gâtés par les Napolitains. Ceux qui font les plus ufés & les moins vifibles , font les meilleurs.

La fculpture que l'on a tirée d'*Herculanum* eft de beaucoup fupérieure à la peinture. Le plus grand & le plus beau morceau eft une ftatue équeftre , de marbre blanc , qui repréfente *Nonnius Balbus*. La figure d'homme eft de la plus grande beauté , fimple , correcte & d'un contour coulant & pur. Le cheval eft bien , mais cependant plus maniéré. Les canons des jambes de devant paroiffent trop longs.

Tome I, Part. II.	O

Il y a une autre ſtatue équeſtre que nous n'a-
vons pu voir , parce qu'elle n'étoit pas encore reſ-
taurée.

On voit onze ou douze figures de marbre blanc,
de grandeur naturelle , qui , ſans être du premier
ordre , ont cependant de la beauté. Les draperies
en ſont travaillées avec goût & avec délicateſſe ,
mais les têtes ſont preſque toutes médiocres.

Il y a ſept ou huit figures de bronze , dont une
plus grande que nature, paroît repréſenter Jupiter.
La tête & le corps ont été applatis par le poids de
la lave : cependant on y découvre encore des beautés. Les jambes, qui ſont mieux conſervées , ſont
très-belles & de grand caractere. Une autre , qui
repréſente un Conſul , & une autre , qui paroît
avoir eu des yeux incruſtés d'un autre métal :
cet uſage a été pratiqué dans l'antiquité , mais il
n'a jamais dû faire un bon effet. Ces figures , en
général, ſont bonnes , ſans être de la premiere
beauté.

Quelques reſtes d'une ſtatue équeſtre , de bronze, fort belle , qui font regretter ce qui en eſt
perdu.

Pluſieurs buſtes de marbre ou de bronze , qui
ne ſont pas ſans mérite.

On voit encore , dans les appartemens , quelques figures de marbre , d'un pied & demi ou
environ , qui ſont fort bonnes.

Une Vénus semblable à la Vénus surnommée de *Médicis.*

Une autre Vénus habillée, qui est fort bien.

Un Bacchus, de grande maniere & d'un contour sçavant.

Quelques bas-reliefs, de marbre blanc, dont le plus beau représente un vieillard faisant des libations sur un autel, une femme assise & voilée, & derriere, une autre femme debout.

Une Scene comique, curieuse par le sujet, mais médiocre d'ailleurs.

On a trouvé quantité de vases, de chandeliers, de trépieds ou autres ustensiles de bronze, dont la forme est belle, & le travail précieux (1).

(1) Voyez à ce sujet le Livre intitulé, *Observations sur les antiquités d'Herculanum,* in-12. *A Paris,* chez *Jombert.*

ON voit à quelque distance de Pouzzoles, dans une maison de Capucins, une *Citerne* singuliere. C'est une très-grande cuve de briques, revêtue de stuc, qui ne touche point au mur, & qui est portée sur un pilier ou massif de pierre : elle a été bâtie par un François.

POUZZOLES.

ON y voit beaucoup de reſtes d'édifices antiques, ruinés; un Coliſée ou Amphithéâtre, qui a
été conſidérable : mais il eſt tellement détruit,
qu'on ne voit plus de quel ordre il a été décoré.

L'égliſe cathédrale eſt élevée ſur les fondemens
d'un ancien temple de Jupiter.

. Il y a quelques reſtes d'un réſervoir pour conſerver les eaux.

Dans la place publique on voit le reſte d'un
piédeſtal de marbre blanc, orné de bas-reliefs.

Les reſtes d'un temple de *Sérapis*, que le Roi
des deux Siciles faiſoit alors fouiller, & d'où l'on
avoit déja tiré pluſieurs ſtatues, & découvert
quelques parties de l'architecture.

On s'embarque à Pouzzoles *pour aller à* Bayes.
*Dans ce trajet, on côtoie les arcades d'un mole à
demi-ruiné, qu'on nomme le* Pont de Caligula. *De*
Bayes *on paſſe au* Cap de Miſene. *Parmi pluſieurs
ruines on trouve un grand réſervoir, qu'on appelle,
dans le pays, la* Piſcine admirable.

C'eſt un quarré long, qui renferme treize arcades ſur ſa longueur, & cinq ſur ſa largeur : au milieu eſt un petit canal. Cet édifice eſt ſous terre : il ne reſte qu'un des deux eſcaliers par leſquels on y deſcendoit.

Près delà on voit quantité de tombeaux , qui ſont de petites chambres voûtées , où ſont pratiquées de petites niches propres à renfermer des urnes : il y en a ordinairement une plus grande que les autres , & capable de contenir une ſtatue. On nomme ce lieu les *Champs Eliſées*.

Sur le chemin qui conduit de là à Bayes , on trouve une voûte iſolée , en plein ceintre , qu'on dit être le tombeau d'*Agrippine*. Cette voûte eſt décorée de compartimens de ſculpture , & de bas-reliefs de très-bon goût & très-bien travaillés. On voit encore ſur les murs quelques reſtes de peintures antiques , mais en très-mauvais état.

On paſſe enſuite au bas du fort de Bayes , & l'on débarque proche du temple de Neptune. Son plan eſt octogone à l'extérieur , & circulaire en dedans : cet édifice eſt fort ruiné. Ce qu'on y peut remarquer de plus particulier , ce ſont les fenêtres terminées en ceintre ſurbaiſſé (1) : uſage fort rare chez les Anciens.

(1) Cette maniere eſt aſſez bonne en ſoi , & bien dans le genre de conſtruction propre à un bâtiment de pierre. Cependant il eſt fâcheux qu'elle ait été ſi univerſellement adoptée en France , qu'on n'en veut plus faire d'autres : on voit même de beaux bâtimens , où les fenêtres étoient quar-

On va voir le temple de Mercure : il y a dans les voûtes quelques restes de peintures antiques.

Les bains ou étuves de *Tivoli* sont une curiosité d'histoire naturelle.

On y voit encore des antiquités fort ruinées, qu'on appelle *les Chambres de Vénus* : il y a des bas-reliefs antiques, fort beaux.

L'Antre de la Sybille est un souterrein curieux, quoiqu'il n'y reste rien qui puisse intéresser un artiste.

rées, qu'on a gâtés pour les assujettir à cette mode. Il est vrai qu'elle n'est point blamable à la rigueur : mais l'abus qu'on en fait, en prodiguant ces ceintres surbaissés à tous les étages, devient ennuyeux & ridicule.

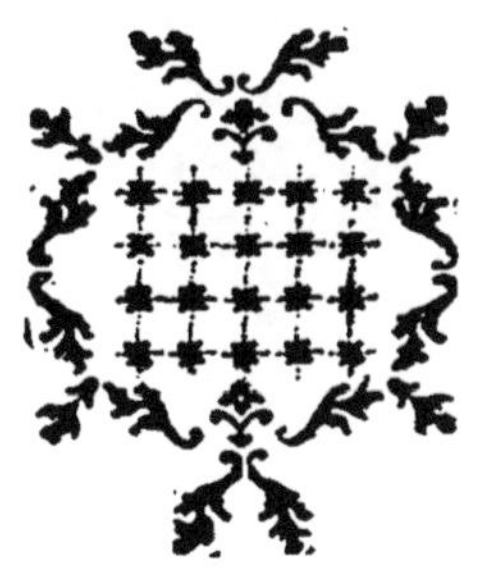

RONCIGLIONE.

CETTE ville a une grande rue, affez proprement bâtie, & un vallon au pied du rempart. On y voit des maifonnettes, dont l'afpect eft pittorefque. Il y a des vues très-agréables à deffiner, entr'autres des forges, dont le marteau eft mu par une chûte d'eau, ce qui forme une machine fort pittorefque. Il en eft de même des cabanes voifines le long du ruiffeau. On y trouve de petites chambres à portes rondes, taillées dans les rochers, & de belles roches.

CAPRAROLA.

CHATEAU appartenant aux Princes Farneſes: c'eſt un pentagone. La cour eſt ronde, & paroît un peu reſſerrée. Le plan du tout eſt très-ingénieux. Il y a de fort beaux eſcaliers pour arriver aux cours, & ils ſont d'une belle grandeur. Le bâtiment domine une plaine d'une très-belle étendue, & riche en arbres : on n'y voit point de villes, & l'horizon eſt terminé par des montagnes.

L'architecture, qui eſt de *Vignole*, eſt d'un goût très-ſage, compoſée de formes quarrées ou rondes réguliérement ; les grandes portes ſont d'un bon goût ; les portiques circulaires à arcades, autour de la cour, l'un ſur l'autre, ſont d'un très-beau profil : le premier, orné de refends, eſt Dorique ruſtique ; le ſecond eſt un Ionique très-correct : il ſemble que ce ſoit un peu de bas-relief, & que cela diminue de ſon effet. Les voûtes ſurbaiſſées, & le fond de ces portiques, ſont ornés d'arabeſques peints à ornemens très-légers. Ces ornemens, quoique de bon goût & très-bien exécutés, font un mauvais effet, parce que le mê-

lange des diverses couleurs dont ils sont peints ,
ne convient point du tout avec l'uniformité de ton
de l'architecture , qui est toute d'une pierre un
peu de couleur d'ardoise. D'ailleurs leur délicatesse excessive ne convient point avec les grosses
moulures de cette mâle architecture.

Les différentes peintures qui ornent ce palais ,
sont des *Zuccari.* Les tableaux sont dessinés élégamment ; les figures sont bien ensemble , mais
le contour en est maniéré : ces contours sont si
grands , que souvent les membres en paroissent
tortus. Il y a des figures particulieres de Vertus ,
qui sont , & d'un ensemble très-élégant , & très-
bien drapées. On voit quantité de petites figures
mêlées avec les ornemens , qui sont faites avec
beaucoup d'esprit & de grande maniere. Il y a
de grands morceaux bien composés , mais de peu
d'effet , & les plafonds ne sont point composés de
plafond. La couleur en est agréable & assez bonne,
mais la composition est quelquefois extrêmement
froide , particuliérement la chûte des Anges , où
les combattans ne combattent point , & semblent
sourire. Il y a dans une de ces pieces un méchant
morceau de sculpture en bas-relief , de pierres de
diverses couleurs : c'est une Fontaine qui doit
avoir beaucoup coûté. Les principales chambres
sont quarrées , & les intervalles qu'elles laissent ,

étant inscrites entre un pentagone & un cercle ; sont ingénieusement distribués pour y former des dégagemens. La décoration extérieure est belle & d'un goût très-sage , sans cependant faire un grand effet : ce ne sont que des pilastres en bas-relief.

On voit au troisieme ordre le mauvais effet des piédestaux trop longs de *Vignole* : il semble que ce soient des pilastres courts , qui en portent d'autres. Les deux bastions , au bas de la principale face , sont trop nus de décoration. On voit un beau bois de *Piceas* , au fond du château , où l'on monte par un escalier , & une cascade. La cascade est trop petite , & d'une forme tortillée : elle n'est point belle. Au pied de l'escalier du cabinet , il y a une fontaine composée d'un vase & de deux fleuves , qui sont beaucoup trop colossaux : elle est ornée de grosse mosaïque de fort bon goût. Le milieu du *casin* est décoré de trois arcs soutenus par des colonnes ; les deux pavillons sont trop nus pour le milieu ; le dessous du portique est entiérement peint en arabesques. En général toutes ces peintures d'arabesques sont trop délicates pour être mêlées avec une architecture mâle. Les escaliers pour monter derriere le *casin* , sont bien placés & bien décorés : le tout est pavé de mosaïque de cailloux de diverses couleurs , tirés de la riviere de Genes.

A l'efcalier, avant que d'arriver au *cafin*, il y a des mafcarons en fculpture, dont plufieurs font beaux, mais tous d'une proportion trop forte. Derriere le *cafin* font plufieurs plans en gradins, pour mettre des fleurs : le tout terminé par une décoration en attique . de pierre, avec niches ; mais elle a le défaut de n'être point liée par la corniche, & elle fait de chaque maffif une piece détachée.

Il y a une chambre du château, qui eft décorée de cartes géographiques & aftronomiques : elle rappelle le fouvenir de quelques chambres de la maifon de plaifance du Cardinal *Albani*, à *Nettuno*, qui font pareillement ornées de cartes, dont la mer eft repréfentée par des fonds de glaces ; ce qui fait un effet fort agréable.

Le village, dont la grande rue eft enfilée par le château, eft bâti fur une langue de terre, entre deux vallées étroites & profondes. Il y a dans celle à droite des vues très-agréables à deffiner, & des maifons qu'on voit en amphithéâtre, élevées l'une fur l'autre, & qui forment des afpects très-pittorefques.

Vis-à-vis le château, de l'autre côté du vallon, eft l'Eglife de S. Silvestre, où l'on montre trois tableaux. Celui du maître-autel repréfente Saint Jofeph debout, & une Sainte : on le dit de *Guido*

Reni. Il eſt très-froidement compoſé, & fait peu d'effet. Il paroît cependant, à de certains détails très-bien rendus, lorſqu'on le regarde de près, que ce tableau eſt de ce grand maître : mais ce n'eſt pas un de ſes beaux ouvrages.

Celui du principal autel, à droite, eſt de Paul *Veroneſe* : c'eſt un aſſez beau tableau, mais il ne paroît pas au degré de bonté qu'on attend de cet excellent homme.

Celui de l'autel, à gauche, eſt donné à *Lanfranco* : mais il paroît ſi foible, qu'il eſt difficile de le croire. Les têtes ſont meſquines ; les mains mauvaiſes, & il n'eſt pas peint avec la franchiſe qu'on connoît à ce maître : s'il eſt de lui, c'eſt un de ſes plus foibles ouvrages.

VITERBE.

Cette ville, située dans la plaine, est fort jolie ; plusieurs tours quarrées, qui y sont élevées, font de loin un effet agréable : elle est proprement bâtie. Le goût de la décoration des maisons y est bon & sage ; il y a quelques fontaines agréables, & quelques portails d'église d'assez bonne architecture. Les chambranles, portes & fenêtres, sont d'une pierre de couleur d'ardoise, à peu-près semblable à celle de Naples. Elle est toute pavée de pierres de trois à quatre pieds, sur environ un & demi, & fort propre.

Montefiascone, ville agréablement située sur une montagne : nous allâmes voir l'*Est*, *Est*, *Est*, plaisanterie qui n'en vaut pas la peine.

Le Lac de Bolsene. Il fait des flots semblables à une petite mer, & est fort grand.

Aqua pendente. C'est un lieu propre à dessiner pour le haut & bas.

Radico Fani. Ce bourg ou ville est pauvre, mais il présente des aspects très-pittoresques, parce que c'est un pays de montagnes : il y a de mauvais chemins.

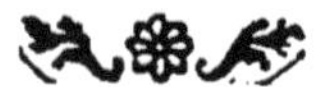

SIENNE.

La Cathédrale, décorée de marbre noir &
blanc, reſſemble aſſez à un catafalque : d'ailleurs
c'eſt un gothique dont le plan n'eſt pas mauvais.
Le pavé du chœur eſt couvert de planches, & il
faut demander à le voir : c'eſt une très-belle choſe.
C'eſt proprement une gravure ſur marbre, avec
des hachures ; dans les parties ombrées, le marbre
eſt pℓus brun & d'une couleur de griſaille. On y
voit le Sacrifice d'Abraham : la figure principale
n'eſt pas belle. On y voit auſſi le Frappement du
rocher, & d'autres ſujets de l'ancien teſtament.
En général tous ces morceaux ſont dignes d'admiration ; ils ſont deſſinés, & d'auſſi grande maniere, & avec des caracteres de têtes auſſi admirables que les belles choſes de *Raphael*.

Il y a dans cette égliſe, à droite, vers la croiſée, une chapelle, où ſont deux tableaux de *Carlo
Maratti*. L'un eſt la Viſitation de la Vierge : la
figure principale eſt très-belle, bien drapée, gracieuſe & de bonne couleur ; la Sainte Anne a auſſi
de la beauté, mais on ne conçoit pas bien l'enſemble de la figure, qui paroît courte, & n'avoir

pas de place pour ſes jambes. La figure debout, à gauche, n'eſt point belle ; elle a une mauvaiſe tête.& de mauvais pieds : c'eſt cependant un bon tableau. L'autre eſt la Fuite en Egypte. La tête de la Vierge eſt d'un caractere noble : il n'en eſt pas de même de celle du Saint Joſeph ; elle a quelque choſe de chargé : d'ailleurs ſes membres nus ne ſont pas d'un deſſein fin. Cela fait néanmoins un bon tout-enſemble. L'architecture de cette chapelle eſt belle, & ne laiſſeroit rien à déſirer, ſi les colonnes n'avoient pas le défaut d'être nichées dans une profondeur qui paroît faite uniquement dans cette intention : cela eſt cauſe que les impoſtes des niches finiſſent mal, & que le chapiteau n'eſt pas à ſon aiſe. C'eſt, en général, une très-mauvaiſe invention que les colonnes nichées, & on n'a vu nulle part que cela fît un bon effet.

On y voit deux figures de ſculpture du *Bernin*, qui ne ſont pas fort belles ; ſçavoir, une Magdeleine & un Saint Jérôme. La Magdeleine a la tête groſſe & les bras courts ; la jambe eſt trop longue & très-mal emmanchée : d'ailleurs elle eſt très-maniérée, & il y a pluſieurs plis de chair, pour y donner de la molleſſe, qui ſont d'une nature baſſe. Le Saint Jérôme eſt mieux ; la tête eſt aſſez belle, mais les bras ſont courts, & les jambes ne ſont pas bien de la nature d'un vieillard, comme le reste .

A l'entrée de l'églife, à droite, il y a un tableau du *Calabrefe*, qui a de grandes beautés : *il eft fort noir*, comme le font ordinairement ceux de ce maître.

A la premiere & à la feconde chapelle, à droite, on voit deux tableaux du *Trevifani*, dont un repréfente un Martyr : ils ne font pas très-beaux, quoiqu'il y ait de bonnes chofes, furtout dans la figure du *Saint*.

La Bibliotheque, qui n'eft autre chofe qu'un chœur détaché de l'églife, contient plufieurs morceaux que l'on dit de *Raphael*, dans fa premiere maniere, du *Pinturicchio* & de *Pietro Perugino*. Ces tableaux n'ont rien de fort recommandable, que la fraîcheur avec laquelle ils font confervés, quelques bons caracteres de têtes, de la jufteffe dans la perfpective linéale, mais fans aucun effet. Il y a beaucoup d'or & d'argent employés avec la peinture, & du relief, qui cependant y paroît fupportable. La voûte eft ornée d'arabefques, qui font beaux, mais trop petits pour la place.

Ces tableaux repréfentent divers fujets de la vie de Pie II.

Il y a dans le milieu de ce chœur un grouppe antique des trois Graces nues : il eft fort bon, mais mutilé.   On

On fait voir auſſi pluſieurs miniatures dans des antiphoniers anciens, qui n'ont pas grand mérite, ſi ce n'eſt la vivacité des couleurs, & le bon emploi de l'or.

Il y a encore dans cette égliſe quelques peintures de *Beccafumi*, qui ne ſont pas ſans mérite.

Toutes les ſculptures en bois du chœur de l'égliſe de Sienne, qu'on fait admirer, ne ſont qu'un travail de patience, qui cependant mérite d'être vu.

La porte intérieure de l'égliſe eſt belle, quoique mêlée de gothique & d'une architecture romaine.

L'Hôpital. Il y a un grand morceau de peinture à freſque, qui tient tout le fond de l'égliſe, derriere le maître-autel : il eſt du Chevalier *Conca*. Il repréſente la Piſcine miraculeuſe. C'eſt une très-grande compoſition, diſtribuée avec beaucoup de ſageſſe ; le choix des figures eſt beau ; il ſemble cependant qu'il pourroit y en avoir un plus grand nombre, & qu'il y a un peu de vuide : mais d'autre part il en réſulte un repos qui fait plaiſir à l'œil ; c'eſt ce que j'ai vu de mieux de ce peintre, & l'on y remarque nombre de figures, où il y a beaucoup de nu, qui ſont excellemment bien deſſinées & peintes d'un très-beau pinceau, furtout celles d'hommes. Il y a quelques têtes de femmes, qui ne font pas d'un bien beau caractere. L'intelligence du clair-obfcur en eft bonne, mais fans avoir rien d'extraordinaire, ni qui marque une grande connoiffance de cette partie de l'art. La dégradation en eft fimple, forte fur le devant, foible dans les fonds, & il en réfulte que les figures du fond font fi foibles qu'elles en font indécifes. La perfpective en eft affez bonne, & les devants font très-bien leur effet. Il y a un effet de perfpective qui peut étonner ceux qui ne font point au fait de cette fcience. Comme le haut de ce morceau eft en cul-de-four, les colonnes, quand on les regarde de près, font tortues par en haut, & fe redreffent lorfqu'on les voit de loin. Au refte, quoique cela foit affez bien rendu, c'eft toujours une entreprife folle que de prétendre forcer la nature d'un lieu à préfenter autre chofe que ce qu'il eft ; & l'illufion de la peinture, qui ne pourroit au plus tromper que d'un feul point, en préfentant un afpect ridicule de tous les autres, ne peut pas même à ce point être affez forte pour fatisfaire l'œil. On pourroit auffi défirer que, comme l'œil de ceux qui regardent cette peinture, eft plus bas que le tableau, on ne vît point le deffus du plan, afin que l'illufion pût être plus parfaite ; mais la néceffité du fujet oblige à ce

défaut : sans cela on n'auroit pas pu voir la Piscine.
Le morceau d'architecture ceintré, qui est dans
le fond, est mal en perspective, & l'enfoncement
circulaire ne descend pas assez bas pour l'horizon.

Au Palais on voit quelques tableaux, entr'autres un fort beau, de *Luca Giordano* ; un autre,
représentant le Jugement de Salomon, & un
autre, où l'on voit une Bataille, par un Peintre
Flamand, qui sont bons. La voûte est peinte par
Beccafumi : il y a de fort bonnes choses, & d'un
bon caractere.

Dans la chambre de Sainte Catherine il y a plusieurs tableaux, représentant divers miracles, dont
quatre entr'autres sont bons. Le plus beau est celui
de la guérison d'une Démoniaque. Il est bien
composé, d'un assez bon effet, & l'on y voit de
fort belles têtes : il est de *Pietro Soris*. Les autres
sont de *Francesco Vanni*, & sont beaux, surtout
celui de la mort de la Sainte, où il y a des têtes
bien peintes & belles ; un petit, au dessus de la
porte, où est la Sainte & un Christ tenant un
cœur à la main ; enfin celui du Pape, à qui l'on
présente les clefs de Rome.

San Quirico. Il y a un *Ecce Homo*, de *Francesco Vanni*, qui est très-bien dessiné. Les expressions en sont belles ; il est bien peint, &

beaucoup dans la maniere du *Barocci*, mais plus dur. Les couleurs font entieres & peu d'accord : c'eft cependant une fort belle chofe.

Du même, une très-belle Fuite en Egypte. La tête de la Vierge, qui eft la plus belle, n'eft pas d'un grand caractere, mais elle eft fort jolie, très-bien peinte, bien coëffée, & d'une expreſſion délicate.

Un autre, du même ou d'un de fes freres, repréfentant le tombeau de Jefus-Chrift, & l'Ange qui répond aux Maries. Les femmes ne font pas fort belles, mais la tête de l'Ange eft une très-bonne chofe, fort gracieufe & bien peinte. Toutes ces figures, en général, font belles.

Les autres tableaux font de la même école, & de plufieurs freres, mais moins beaux.

S. MARTINO. On y voit un tableau du *Guide*, très-gris de couleur, mais bien deſſiné & compofé d'une maniere fage & grande : c'eft la Circoncifion. Il y a beaucoup de ces naïvetés de nature, qui font particulieres à ce maître.

On voit à côté un tableau du *Guercino*, fort gâté, & qu'on ne diftingue plus. Il paroît n'être qu'une foible imitation de fon bon tableau de *Marino*, & précifément le même, mais bien inférieur.

Le fond de l'églife, peint à frefque, eft beau,

fait avec beaucoup de feu, & d'une maniere fçavante.

Dans une maison particuliere, on voit un tableau du même *Guercino*, parfaitement conservé, représentant Agar; l'Ange & Ismael. Il est très-beau; la tête de femme est trop petite; les linges en sont brillans, mais l'Ismael est trop indécis pour le plan où il est: c'est cependant un morceau capital.

Les Augustins. L'église est de *Van Vitelli*: elle n'est pas achevée, mais la pensée en est belle.

Les Dominicains. Le premier tableau, à droite, représente Jesus-Christ aux limbes: il est dessiné fçavamment, mais tortillé & maniéré. Le premier tableau, à gauche, est dans le goût du *Calabrese*: il y a de fort bonnes choses. Le troisieme ou quatrieme tableau, à gauche, représente un Saint que l'on étend à un poteau: il est beau, mais presque sans couleur.

On y voit quelques tableaux dans le goût de *Pietro da Cortona*, surtout un qui est à la seconde chapelle, à gauche du maitre-autel: on le croiroit de *Ciro Ferri*, s'il étoit touché avec plus d'assurance.

Les Franciscains. On y voit des tableaux de a même école, dont plusieurs sont bons.

On remarque, à Sienne, une place creusée

selon la forme de l'intérieur d'une coquille. Il n'en peut réfulter d'autre agrément que celui de former une efpece d'amphithéâtre, s'il y avoit quelque cérémonie curieufe dans le lieu où elle eft la plus enfoncée.

Une autre particularité de cette ville, c'eft qu'elle eft toute pavée de briques pofées de champ.

Fin du Tome premier

www.ingramcontent.com/pod-product-compliance
Ingram Content Group UK Ltd.
Pitfield, Milton Keynes, MK11 3LW, UK
UKHW020738120726
13693UKWH00001B/398